お客とお店のための
シン・カスハラ対策

カスハラ対策で
伸びる店・
カスハラで
潰れる店

大木ヒロシ 著

セルバ出版

はじめに

カスタマーハラスメント（カスハラ）対策を講じる前に考えてもらいたいことがある。それは、お客様は「神様ではない。あなたと同じ人である」ということである。人としての在りようの基本は「社会的」に生きる、すなわち互いの了見を互いによいようにすり合わせるということである。

お客様（消費者）にとって、店（企業）を通じて需要（消費）を満たすことは重要な生活条件である。一方で店（企業）にとっては、お客様（消費者）の存在なしに経営は成り立たないことは自明の理である。こう考えると、店とお客様は「お互いさま」としか例えようがない間柄なのだ。だから、カスハラはしてもいけないものだし、されてもいけないものだと考えて欲しい。

ここで、カスタマー（お客様）対応をせざるを得ないあなたに質問がある。あなたの給料は誰がくれるのか？　答えはカスタマーサービスの教科書にもよく載っているとおり、お客様である。お客様が商品やサービスを購入し、そこから原価を差し引いて残った利益からあなたの給料が支払われる。会社の利益の約60％は人件費となるといわれている。つまり、あなたの給料はお客様が支払ってくれているということになる。

しかし、私はその考え方は大きな間違いであると考えている。お客様の立場で考えてみると、従業員であるあなたの給料を支払うために商品やサービスを購入しているわけではない。お客様はあくまで商品やサービスの対価として支払いをしているだけである。結果として、そのことがあなたの給料に結びつくためには、あなた自身の対応如何であると伝えたい。

あなたが考え方を変え、やり方を変え、工夫をした結果、お客様に喜んでもらう。あなたの対応への対価が給与という形になっているだけに過ぎない。あなた自身の問題であり、お客様から単に給与をもらっているのではない。逆に言えば、すべてお客様が悪いと決めつけてしまえば、給料が入ってこないということになる。

あなたの対応に満足できなかったお客様は、その不満をクレームという形で企業側に突きつけてくる。しかし、日本企業の多くでは建前としてクレームはあってはならないことになっており、クレームがあってもなかったものとして処理し、上位に上がってはいかない仕組みになっている。こうした企業風土に対して消費者はインターネットやマスコミを駆使して、真摯かつ本音のクレーム対応を求めてくる時代だ。消費者のクレームという本音に建前的な対処しかできないとすれば、21世紀を生き抜くことは不可能である。

このクレームに対し、企業のトップは「クレームをなくせ!」と声高に叫ぶ。しかし、所詮、人間のやることである。善意であっても間違いや勘違いが必ず起きる。クレームの種は絶対的になくならないという本質を捉えなければならない。

そのように見れば、クレームを減らす努力は必要だが、それ以上にクレーム対応の高度化が企業側に求められている。もっと言えば、クレームを価値ある情報として積極的に取り込む姿勢が必要になるのである。しかし、クレームのような悪い情報を組織は隠したがり、トップにまで届かない。そうして問題は潜在し鬱積し爆発を起こし、取り返しのつかない問題にまで発展してしまう。「臭いものにはフタ」的な対応を繰り返すことになり、やがて鬱積した消費者の怒りが大爆発を起こし、事後対応に追われることになる。この企業側の体質を改めない限り、どんなカスハラ対策を実施しようとも実りがほとんどないのは明らかだ。

企業はカスハラ対策を真剣に取り組むことによって、さらに顧客開拓を拡大し、永続的に繁栄していく礎を築いていくことができるだろう。しかし、怖いのはカスハラ対策を進めることで従業員が皆、お客様を「敵」として捉えてしまうことである。そうなると本来の企業活動は終焉を迎える。先にも述べたように、企業はお客様の存在なしでは存続することはできない。自給自足の活動をしていない限り、お客様がいるからこそ企業活動を継続することができるのだ。

最近のカスハラに関する報道や対策マニュアルを見るにつけ、どうもお客様を「敵」のように見ているのではないかと思う。お客様は本来は味方であるはずなのに、「敵」としてみなし始めているようだ。確かに敵になるようなお客様は存在はするだろう。

しかし、その割合を冷静に考えてもらいたい。カスハラのような異常な行動をとるお客様は1000人のうち1人いるかいないかであろう。お客様を敵視するカスハラ対策を進めていくと、1000人のうち1人のために残りの999人を犠牲にすることになるのではないか。1人の異常者のために999人に嫌な思いをさせる経営をよしとするのか。良好な関係を築いているお客様の気持ちを損ねるものであるとしたら、その対策は大きな間違いではないかと思う。カスハラ対策を講じる前に、冷静にそのことを考えてほしい。

もう1つ、カスハラ対策で抑えておくべきポイントがある。それは「カスハラは同じことが起きない」ということである。どういうことか？ 例えば、Aという店員と顧客で起きたカスハラ事象はBという店員と顧客の間では完全に再現されることはない。つまり、AとBという店員ではカスハラ自体がまったく異なった事象となるか、あるいはBという店員の場合、顧客とまったく揉めることなくカスハラに至らないということもありえるだろう。

カスハラに至るパターンは顧客により十人十色。そもそも人間と人間の間で起こる事象であるから、当人同士の相性なども大きく影響してくる。

本書はあくまでカスハラやクレームへの対応の考え方を示している。特に第6章で紹介した事例はあくまで対応へ至る考え方や過程を学んでもらいたい。

カスハラ対策は今以上にお客様と良好な関係を築くための施策であると捉えれば、よりポジティブなイメージで取り組めると私は考えている。999人のお客様とさらに良好な関係を築くために1人のカスハラにいかに立ち向かうか。その視点が大切である。

本書は顧客志向の視点からカスハラ対策に挑む企業へのエールとしてまとめさせていただいた。特に中小企業、小規模事業者のカスハラ対策の一助になれば幸いである。

大木　ヒロシ

2024年9月

お客とお店のためのシン・カスハラ対策〜カスハラ対策で伸びる店・カスハラで潰れる店　目次

第2章　変容する個人と社会

第3章　顧客志向とクレームの関係

第4章　カスハラ対策のここがおかしい！

第5章　覚えておくべき！　カスハラ対策6か条

第6章　事例で学ぶカスハラ対応の実践

第1章　カスハラとはなにか？

1　お客様はいつから神様に？

つくれば売れる時代

カスハラの背景を紐解いていくと、日本の戦後期から現代までの物質面における変遷を振り返る必要がある。そこには企業側の立場が優位から劣位へ、見事なまでの転換を遂げている。それがカスハラを生みだす遠因にもなっていると捉えてよいだろう。

戦後日本は圧倒的なモノ不足だった。そのモノ不足の日本に朝鮮戦争をキッカケとした特需がやってくる。空前の好景気になり、モノを求めて皆が奔走する。さらに団塊世代の現出という人口ボーナスの中で驚くべき経済成長を遂げる。この経済成長は団塊世代から団塊ジュニア世代に引き継がれ、長期に渡った。この頃の商売は供給サイド（店・企業）にとって優位であった。モノ不足の時代、供給側はつくれば売れる時代だ。

余談だが、東北地方の方言に「ねぇべさ」がある。子どもがお店に入るときの挨拶で使われていたが、その意味は「ないでしょう」。つまり、お店にモノがないことを前提にそんな挨拶が使われていた。東京の下町では「くんなさい」という挨拶が使われていた。これも「くださいよ」というへりくだった挨拶で子どもたちが店に訪れていたのだ。

お客様は神様という文化

そうした時代を象徴するように１９６１年、地方都市の巡業コンサートで三波春夫氏が司会者に「大変な満席です。このお客様を見てどう思いますか」とふられ、「神様のようですね」と応じた。会場は歓声と拍手に包まれたという。

この出来事が広まり、各地の主催者から同じ発言を求められるようになり、人気漫才トリオが三波氏のモノマネで「三波春夫でございます。お客様は神様です」と連呼するようになった。「お客様は神様」というフレーズはこうして世間に浸透していったのだ。

店や企業にとってみれば、つくれば売れる時代はまだよかった。お客様は神様であったとしても、供給サイドの優位性は変わらない。先ほど述べたように、お客様はモノを求めて店や企業に殺到する。

ところが、その後の日本は少子高齢化の次代を迎え、人口減少が進み、モノが売れにくい時代に突入した。優位だった供給サイドが劣位に転換することになる。ここにカスハラが発生する素地が生まれたといっても過言ではない。

「お客様は神様である」という顧客第一主義を貫いてきた企業側の逆手をとるような「買ってやっているんだ意識」をむき出しにした、度を超えたサービス要求などに見られるカスハラ現象が目立つようになっていくのである。

時代の変遷が遠因

私はこの現象は「時代の無意識」に拠るところが大きいと思っている。社会が大きく移りゆく中でも日本人は無意識に「お客様は神様」であるという言葉が身体に染みついている。いつの時代でも自分は神様であると思い込んでしまい、それが一部で暴走し、事件にまで発展する。まわりを見渡せば、50年以上前と社会も経済も大きく様変わりしている。

しかし、そのことと関係なく「神様」と刷り込まれてしまったお客様は、立場の弱くなった企業にさらに牙をむく構図になってしまった。

もちろん、すべてのお客様がそうではない。しかし、このような時代の変遷がカスハラの遠因となっていることも忘れてはならない。

2　そもそもハラスメントとはなにか？

ハラスメントとは

いまや、なんでもハラスメント時代である。代表的なものだけ列挙してもこれだけある。

【ハラスメントの代表的なもの】

・パワー・ハラスメント（パワハラ）
・セクシャル・ハラスメント（セクハラ）
・モラル・ハラスメント（モラハラ）
・マタニティ・ハラスメント（マタハラ）
・スモーク・ハラスメント（スモハラ）
・アルコール・ハラスメント（アルハラ）
・アカデミック・ハラスメント（アカハラ）

　では、ハラスメントとはなにか？　広義には「人権侵害」を意味し、性別や年齢、職業、宗教、社会的出自、人種、民族、国籍、身体的特徴、セクシュアリティなどの属性、あるいは広く人格に関する言動などによって、相手に不快感や不利益を与え、その尊厳を傷つけることをいう。その行為の事象により類型化され、先に挙げたように多岐にわたるハラスメントが生まれることになった。

　日本においてハラスメントという言葉が世間を騒がすようになったのは、１９８９年のある事件がキッカケである。この年、日本で初めて性的嫌がらせを理由とした民事裁判が提起されたのだ。

この裁判はセンセーショナルに扱われ、メディアを騒がせた。同年の流行語大賞に「セクシャル・ハラスメント」が選ばれるまで注目されることになる。

その後、2000年代に入ると「パワー・ハラスメント（パワハラ）」という言葉が一般化し、職場における上司と部下の関係を見直す動きが急速に広まってくる。

さらに2010年代に入ると、妊娠・出産に関する待遇・処遇の悪化を指す「マタニティ・ハラスメント（マタハラ）」という言葉も浸透する。「マタハラ」については2014年に裁判で争われ、最高裁が「妊娠後の降格などの処遇は男女雇用機会均等法に反する」という判決を下すことになる。そして、この「マタハラ」も同年の流行語大賞にノミネートするまでに一般化している。

ハラスメントに関する法律

次に、ハラスメントに関する法律を見てみたい。一般的にハラスメントを防止するための1つの法律を指すものはない。ハラスメントの防止を規定したさまざまな法律を総称して「ハラスメント防止法」と呼んでいるわけだ。

対象となるのは主に「パワー・ハラスメント（パワハラ）」「セクシャル・ハラスメント（セクハラ）」「マタニティ・ハラスメント（マタハラ）」の三大ハラスメントに関するものである。男女雇用機会均等法は性別による差別を明確に禁止しており、１９９９年に事業主に対して女性に対するセクハラ防止措置を義務づけた。２００７年には女性だけでなく、男性を対象にしたセクハラ防止措置も義務づけている（図表1参照）。

２０１６年の改正時には、マタハラの防止措置義務が明文化。マタハラに関しては育児・介護休業法も制定され、現在は育児や介護に関連したハラスメント防止が盛り込まれた。パワハラに関しては２０１８年に制定された労働施策総合推進法にまとめられている。２０２０年に改正が行われ、２０２２年からは企業側におけるパワハラの防止が義務づけられている。

このように近年、急速にハラスメント関連の法整備が行われている。その背景にはハラスメント行為については、世界的にも社会問題化するようになり、行政としても看過できない状況になっているのが実態であろう。

例えば、セクハラ問題だけ見ても、２０１７年に世界的に広まった「ＭｅＴｏｏ運動」では女性たちの性被害やセクハラ被害をＳＮＳへの投稿が相次いだ。男性が育児に積極的に参加し、育児休暇を取得する「イクメン」の風潮も急速に広まっている。多様性を認め合う職場環境を

【図表１　企業が実施しなければならない具体的な措置の中身として代表的なもの】

事業主の方針の明確化及びその周知・啓発	・どのような行為がセクハラに当たるかを周知すること ・セクハラを行ってはならないという方針を上司等の管理職に周知すること ・セクハラをした上司等には厳正な対処をすることを就業規則に明記すること
相談に応じ、適切に対応するために必要な体制の整備	・相談窓口をあらかじめ定め、従業員に周知すること ・相談窓口担当者が、内容や状況に応じて適切に対応できるようにすること ・セクハラが現に生じている場合だけでなく、発生の恐れがある場合やセクハラに該当するか微妙であっても相談できることを周知すること
職場におけるセクハラへの事後の迅速かつ適切な対応	・事実関係を迅速かつ正確に確認すること ・事実関係の確認ができた場合には、速やかに被害者に対する配慮のための措置を行うこと ・事実関係の確認ができた場合には、行為者に対する措置を適正に行うこと ・再発防止に向けた措置を講ずること
併せて講ずべき措置	・相談者、行為者等のプライバシーを保護するために必要な措置を講じ、従業員に周知すること ・事業主に相談したこと、事実関係の確認に協力したこと、都道府県労働局の援助制度を利用したこと等を理由として、解雇その他不利益な取り扱いをされない旨を定め、従業員に周知すること ・セクハラ被害を受けた人及び加害者のプライバシーを守るため、相談員の口外禁止を徹底すること

整備することが企業の経営戦略上、重要視される時代となっており、併せて労働者の要請に応える形で法整備も進んでいる。

3　経営に影響を与えるカスハラ問題

グローバル職場環境調査

米ギャラップの「グローバル職場環境調査」（２０２２年）によると、仕事への熱意や職場への愛着を示す社員の割合が日本は５％であり、調査した１４５か国の中で最下位だった。実はこの年だけではなく、４年連続の横ばい状態で常に世界最低水準が続いている。日本企業で働く人々はなぜ、こうも熱意や情熱を失ってしまうのだろうか？　私はその原因を日本特有の組織文化にあると見ている。

まず、日本の企業組織を見ると、いまだに旧日本軍の形式主義における「上意下達」の風土を引き継いでいるところが多い。それは、ポジションパワーによる組織の硬直化とハラスメント対応の無視を引き起こしているといえる。

例えば、旧日本海軍のハンモック・ナンバーの慣習を見ると、現代の組織風土に脈々と引き継がれていることがわかる。海軍兵学校出身者は卒業して少尉候補生になった瞬間から、「海軍辞令公報」で成績順に氏名が公表された。この順位を俗に「ハンモック・ナンバー」と呼んだ。最初の任地はおおむねこの成績順に「いい艦」へ配属されることになる。

こうなると組織の硬直化は自明の理である。誰もが自身の成績だけを気にするようになり、そこでの順位ばかりを気にする。組織に対して改革の声をあげる者もいなくなる。当然、上官となっても現場を見ることもなく、自身の評価ばかりを気にするようになり、机上の空論ばかりを振り回すようになるのだ。平時はまだしも、有事の際にこの組織は機能しなくなる。

現に、このような者たちが上官となり、突入したのが第二次世界大戦である。現場を知らない上官たちの机上の空論で繰り広げられる戦線で多くの人間の命が奪われていく。例えば、有名な零戦の特攻もその1つだ。特攻というのは艦への命中率が5％ほどと非常に低かったという。現場を知る者であれば、この命中率の低さを指摘し、異なる手法を講じることができるだろう。しかし、この上官たちは特攻にゆく若者に「死んでこい」という。

当時の日本の空気がそうさせていたというのも、1つの事実であろう。しかし、戦線を指揮する上官たちの至上命題は敵の艦をいかに迎撃するかにある。そのことに触れず、先の台詞が口に出ること自体、現場を知らない証左であろう。

これも大昔の話ではない。現代の企業組織に照らし合わせてみても、日本特有の風土は引き継がれていると感じる場面にいくつも直面する。

硬直化した組織で役職上位の人間たちも現場を知らない。そんな企業がどうなるかといえば、ハラスメント対策についても現場を見ようとしない。机上の空論ですべてまるめこもうとする。結果、現場で働く社員たちの士気もあがらず、離職率の問題にもつながる。このような対応では顧客も離れていってしまうだろう。

ある老舗の鰻屋の例

実はこんな経験をしたことがある。ある老舗の鰻屋に立ち寄ったときのことだ。真夏の炎天下の中、11時30分頃に店に行くとまだ開いていないという。予約もしていないため入れないというので、仕方なく「どうしたらいいか？」と男性の店員に聞くと、「外で待っててもらうしかないですね」という。

炎天下の中、外で待っていろというのだ。さすがに「店内のどこかで待たせて欲しい」と返すと、男性の店員は首を縦に振らない。この問答を見ていたのか、後ろにいた女性のベテラン店員が慌てて店の中に招き入れてくれ、待たせてもらうことになった。

男性の店員は、おそらくマニュアル通りの対応したに過ぎないのだろう。しかし、店と客はお互いさまの関係であるはずだ。お互いさまであれば、相手の立場も少しは考えられるし、機転を利かせれば、先のベテラン女性店員と同じような対応ができたのではないかと思う。

カスハラ対応は企業経営で取り組むべき命題

企業経営においてカスハラ対応は真摯に取り組まなければならない命題である。放置をすれば人手不足の状況の中、さらなる退職者を増やすことになり、自身の首を絞めることは間違いない。

ただし、同時に対応を1つ間違えると、大切なお客様が離れていき、企業の存続を危ぶむ事態を招く恐れもある。いかに経営陣や役職上位者たちが現場を見て、自社にあった対策に乗りだすかが重要である。そのためにも、自社の組織風土を再度見直すことから始めるべきではないだろうか。机上の空論では大切な社員も顧客も失うことになりかねないからだ。

4　カスハラの定義と法律の扱い

カスハラとは

「カスハラとはなにか?」という問いに対する明確な回答は実は難しい。業種・業態によって事業環境や顧客対応の基準などが異なり、なかなか一括りにできないというのが実情である。

また、カスハラの対象は顧客や取引先ということになり、パワハラやセクハラのような職場内での事象とも異なり、「事業主」と「労働者」という単純な二元論で捉えることもできない。

このあたりが、企業におけるカスハラ対策への温度差に現れているのだろう。

２０２２年、厚労省は「カスタマーハラスメント対策企業マニュアル」を公開している。ここでは前述したような企業や業界の対応基準などの違いを踏まえつつ、次のようにカスハラの定義を示している。

【カスハラの定義】

> 『顧客等からのクレーム・言動のうち、当該クレーム・言動の要求の内容の妥当性に照らして、当該要求を実現するための手段・態様が社会通念上不相当なものであって、当該手段・態様により、労働者の就業環境が害されるもの』

内容の妥当性と社会通念上不相当とは

ここで重要なのは傍線部分の「内容の妥当性」と「社会通念上不相当」という部分であろう。法治国家である日本において、当たり前のことであるが『妥当性が認められない不当な要求』や『法に抵触する言動』はハラスメント以前に処罰の対象となることは理解できるだろう。後述するが、正当なクレームとカスハラの見極めにおいても大切なポイントともいえる。

例えば、こんな例がある。社内の業務を選り好みして、上司の指示に従わない社員がいたため、企業側はこの社員に対し、注意を何度も繰り返し、退職奨励も行ったが拒否されてしまう。その後も改善が見られないため強制的に部署異動を行い、主要な会議にも参加させず、共有サーバへのアクセス権限も解除してしまった。

この社員は異動先で荷物の整理などに就き、重い荷物の持ち運びなどで体調不良をきたすが、それでも改善が見られないため会社側はこの社員に対し、解雇を通告。しかし、これも納得いかないとして、逆に提訴されることになった。

裁判所が下した判決は「解雇は認められる。しかし、社員を孤立させたこととあえて重労働を強いたことは不法行為」として一部慰謝料の支払いを認めたのだ。企業側としては、問題社員への対処として最善を尽くしたつもりであろうが、「内容の妥当性」と「社会通念上不相当」を勘案され、結果として一部の慰謝料支払いを負うことになったのだ。

なんとも納得いかない判例かもしれないが、カスハラ対策も同様の見極めが必要。自身が最善を尽くしたつもりでも、結果として客観的な判断において思慮が欠落していれば、逆に大きな痛手を負うのは企業側になってしまうのである。

カスハラに該当する顧客・取引先の言動

では、企業側にとってどのような顧客・取引先の言動がカスハラに該当するのか。簡単にまとめると次のようになる。

【顧客・取引先の言動がカスハラに該当するもの】

- **「言葉による攻撃」**
  侮辱的、脅迫的、または差別的な言葉を使って従業員を攻撃すること
- **「肉体的接触」**
  不必要に触れる、押す、たたくなどの身体的な接触
- **「精神的圧迫」**
  無理な要求、極端なクレーム、過剰なクレーム、繰り返しの嫌がらせ
- **「性的カスハラ」**
  不適切な性的言葉や行動を行うこと

このような事象が発生した際は「内容の妥当性」を論ずる前に、「社会通念上不相当」な行動と認められる可能性が極めて高い。ただし、先の例にもあるように事象には必ず前後関係があることを忘れてはならない。その点を踏まえ、カスハラに対する基準を社内で明確にし、各社員の判断基準とすることが大切なのである。

カスハラに抵触する主な法律

一方でカスハラに抵触する法律についても図表2にまとめている。カスハラ事象において法律側から勘案する際の参考にしてもらいたい。

5　カスハラはいつから問題視されるようになった?

カスハラが社会問題として広く認識され始めたのは2000年代後半から2010年代にかけてである。前述したように、日本ではサービス業や小売業における「お客様は神様です」という文化が長らく根づいていたため、顧客による過剰な要求や不適切な振る舞いが従業員に対して許容されがちだった。

そうした時代背景に馴染めない若手従業員のメンタルヘルス問題や職場でのストレスが社会

【図表２　カスハラにおいて抵触する主な法律】

【傷害罪】	刑法 204 条：人の身体を傷害した者は、15 年以下の懲役又は 50 万円以下の罰金に処する。
【暴行罪】	刑法 208 条：暴行を加えたものが人を傷害するに至らなかったときは、2 年以下の懲役若しくは 30 万円以下の罰金又は拘留若しくは科料に処する。
【脅迫罪】	刑法 222 条：生命、身体、自由、名誉又は財産に対し害を加える旨を告知して人を脅迫した者は、2 年以下の懲役又は 30 万円以下の罰金に処する。
【恐喝罪】	刑法 249 条 1 項：人を恐喝して財物を交付させた者は、10 年以下の懲役に処する。 刑法 249 条 2 項：前項の方法により、財産上不法の利益を得、又は他人にこれを得させた者も、同項と同様にする。
【未遂罪】	刑法 250 条：この章の未遂は、罰する。
【強要罪】	刑法 223 条：生命、身体、自由、名誉若しくは財産に対し害を加える旨を告知して脅迫し、又は暴行を用いて、人に義務のないことを行わせ、又は権利の行使を妨害した者は、3 年以下の懲役に処する。
【名誉毀損罪】	刑法 230 条：公然と事実を摘示し、人の名誉を毀損した者は、その事実の有無にかかわらず、3 年以下の懲役若しくは禁固又は 50 万円以下の罰金に処する。
【侮辱罪】	刑法 231 条：事実を摘示しなくても、公然と人を侮辱した者は、拘留又は過料に処する。
【信用毀損及び業務妨害】	刑法 233 条：虚偽の風説を流布し、又は偽計を用いて、人の信用を毀損し、又はその業務を妨害した者は、3 年以下の懲役または 50 万円以下の罰金に処する。
【威力業務妨害罪】	刑法 234 条：威力を用いて人の業務を妨害した者も、前条の例による。
【不退去罪】	刑法 130 条：正当な理由がないのに、人の住居若しくは人の看守する邸宅、建造物若しくは艦船に侵入し、又は要求を受けたにもかかわらずこれらの場所から退去しなかった者は、3 年以下の懲役又は 10 万円以下の罰金に処する。

的な関心事となり、労働環境の改善が求められるようになった。パワハラ、セクハラなどと同様にカスハラへの対策も強化されることになる。

2010年代に入ると、カスハラについてもメディアでの報道が増え始め、実態調査などが行われるようになったことで問題の深刻さがより広く認識されるようになった。

2024年4月に労働組合(UAゼンセン=繊維や流通などでつくられる労働組合)が発表したカスハラ調査では驚くべき実態が明らかになった。この調査で、約46%の回答者が「2年以内で被害にあった」と回答したのだ。サービス業の組合員に対しての調査であるため、全業種にわたる調査と比較すると率は高くなるのは理解できるが、およそ2人に1人は被害にあっていることになる。

さらに印象に残っているカスハラについて尋ねると、次のような回答だったという。

【カスハラ調査結果】

- 「暴言」……39・8%
- 「威嚇・脅迫」……14・7%
- 「何回も同じ内容を繰り返すクレーム」……13・8%
- 「長時間拘束」……11・1% など

カスハラについてはパワハラ、セクハラなどの職場ハラスメントとは異なり、対象が企業外部、それも「お客様」となる点で顕在化されず放置されるケースも多かった。昭和から平成、そして令和へと時代が移りゆくなか、企業の経営環境も大きく変化している。

慢性的な人手不足の課題を抱える企業経営においてハラスメント自体への取り組み強化は必然ともいえるが、「お客様は神様」としての意識が根づいてきた顧客側の意識変革も求められてきているといえよう。

6　カスハラとクレームの違い

まず、カスハラ対策を講じる上で企業側が前提にしておかなければならないのは「クレームは合理的かつ正当なお客としての権利行使」であるということである。企業としてもクレームは自分たちでは見えにくい気づきを与えてくれるもの。真摯で誠実な対応を心がけることで企業力を飛躍的に高めることができるはずだ。クレームから生涯顧客を獲得する可能性すらもある（第3章で詳述）。

そう考えると、クレームは企業経営に改善の機会を与えてくれるカンフル剤の役割を果たすともいえよう。

一方、カスハラは非合理かつ感情的であり、度を超えた個人的願望を要求してくる。対応する個人からすれば、クレームとカスハラの違いは、相手のニュアンスや合理的理由などを勘案していけばおおよそ理解できるかと思う。

しかし、繰り返し述べるが、「お客様は神様」の意識が植え付けられた人々は、いざカスハラの事象に直面しても毅然とした対応をとることに不安を感じることもあるだろう。「もしかしたら自分たちに非があるのかもしれない」と思ってしまい、相手の無茶な態度にどうして対応してよいかわからず、ひたすら頭を下げ続けるしかない……想像に難くない光景である。

カスハラ防止条例の制定に動いている東京都がその定義づけを2024年春に公開した。ここではカスハラに該当するケース、該当しないケースを事例に沿って説明している。考え方は図表3と図表4をご覧いただきたい。

正当なクレームとは、顧客の対応が「丁寧さがあり、要求も妥当」である場合を指す。例えば、1000円の商品を購入し、返金を要求したとする。返金の妥当性があり、なおかつ友好的で丁寧な対応をしてくる場合は正当なクレームとして認められることになる。

ところが、同じケースで返金を10万円要求してきたり、暴力的で威圧的な言動をしてくる場合はカスハラとして認定させることになる。

難しいのは、グレーゾーンで示した部分である。要求する返金額についても「手間賃」や「作

【図表３　カスハラとクレームの違い】

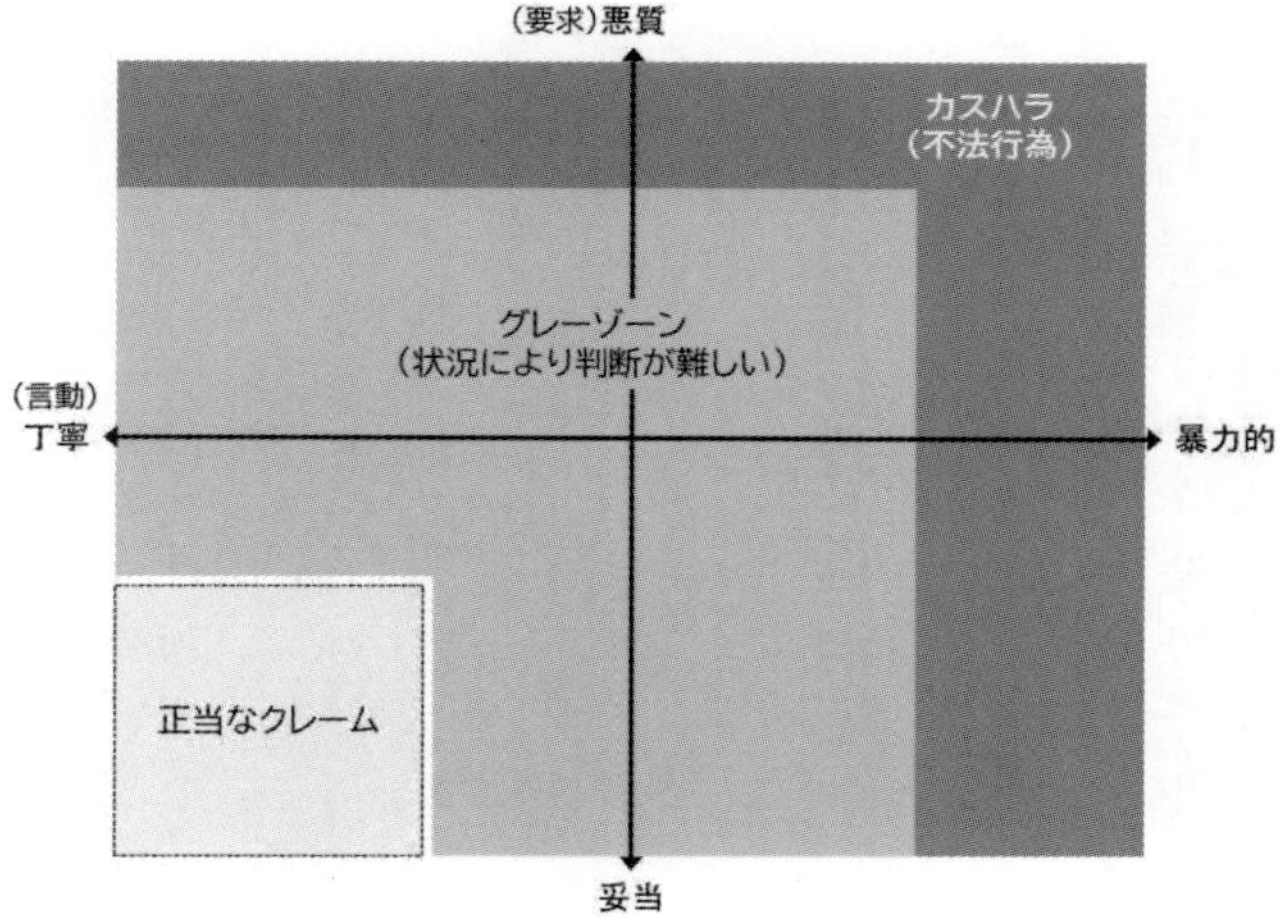

【図表４　カスハラとクレームの違い（実例）】

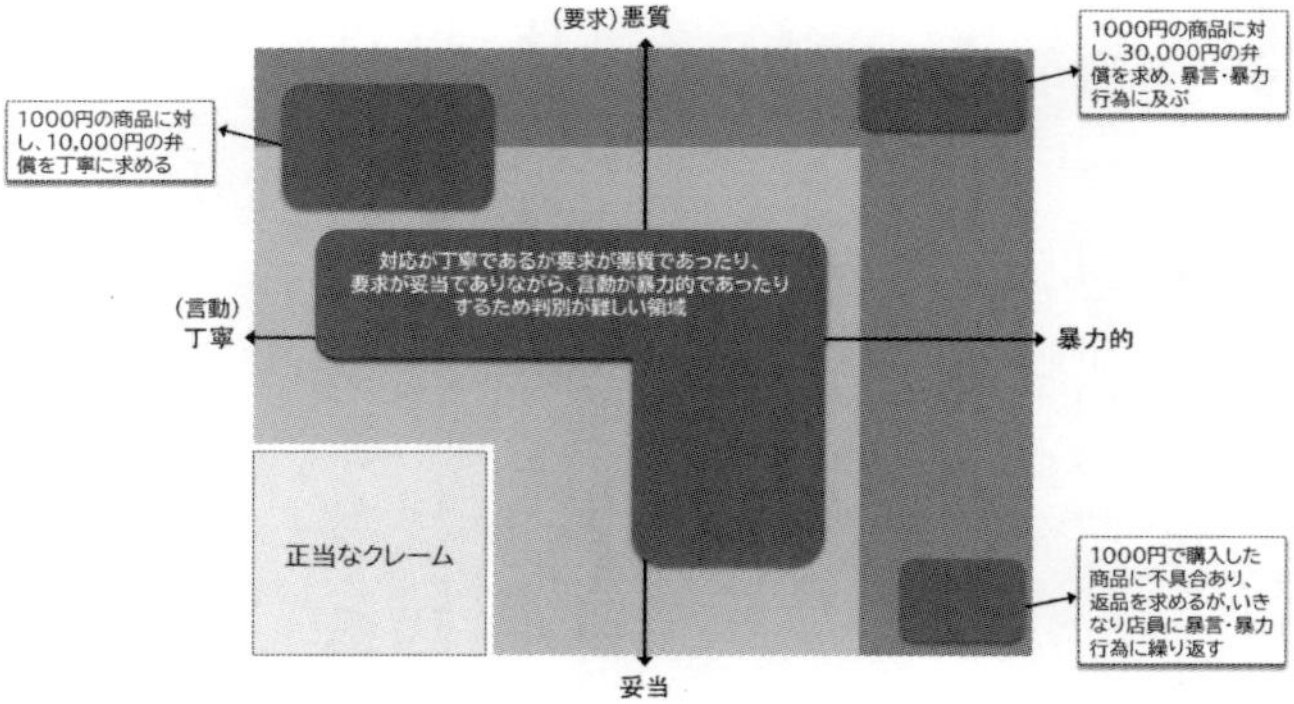

業代」などといって商品代金以上を要求してきた際は妥当性を判断するのは難しくなる。また、暴力的で威圧的とどこまで認められるかは当事者でないとわからない部分も多い。

実はカスハラ被害の中にはこのようなグレーゾーンも多く含まれるため、企業側としても判断に苦慮することになる（第4章でも詳述する）。

企業側が考えるべきなのは、対応の基準を明確にしておくということである。このような返金のケースは自社で基準を明確にし、お客様にも事前にそのことを開示しておくことが大切である。そうすることで問題が発生した際に、事象ごとに対応を検討するという無駄が省ける。同時に、お客様に対しても明確に自社のルールを開示することで、後々起こりうる問題に対するリスクヘッジにもなるだろう。

7　動き出す行政と自治体

ＪＲ東日本がカスハラ対処方針を発表

近年、カスハラに対する取り組みは企業も含め行政・自治体も動きが加速している。企業側は年々深刻度が増す人手不足の状況の中でハラスメント対策は喫緊の課題。すでに述べてきたように、この取り組みをおざなりにすることができなくなっている。不特定多数の「お客様」

を相手にする交通機関でもその動きが強まっている。

２０２４年4月、ＪＲ東日本はカスハラに対する対処方針を策定したことを発表した。その中で「執ような言動」「社員の個人情報などのＳＮＳなどへの投稿」「不合理または過剰なサービスの要求」などが確認された場合、サービスの休止や要望を聞くなどの対応をやめるとしている。また、さらに悪質と判断した場合は警察や弁護士への対応も辞さない方針を示した。

株式会社ローソンも２０２４年8月に基本方針を発表している。厚生労働省が公開した「カスタマーハラスメント企業対策マニュアル」のカスハラ定義にもとづき、警察や弁護士への相談も辞さず、今後の入店をお断りする可能性もあるという文言も添えられた。コンビニエンスストアは身近であり、幅広い層が利用するということを考えても、今後のカスハラ対策に注目が集まっている。

特に、昨今は外国人従業員が多数働いている時代だ。言葉の問題をあげつらい、カスハラ行為におよぶケースも少なくない。多様な雇用環境の推進の裏側では、このようなトラブルが相次いでおり、企業側もその対応と対処に追われている。

一方、行政や自治体も同様に、社会的にカスハラに対して厳しく接していく姿勢を強めている。すでに紹介したように、厚労省は２０２２年に「カスタマーハラスメント対策企業マニュアル」を公開。カスハラをタイプ別に類型化し、企業内での対処方針策定の後押しをしている。

自治体の例として注目されているのは東京都の動きだろう。2024年に入り、東京都は日本で初めてとなるカスハラ防止条例の制定の方針を発表した。2024年9月時点では制定に向けて、専門家などの意見を参考にしながら議会への提出を目指している。

現段階における東京都カスハラ防止条例の基本的な考え方は、次のとおりである。

悪質なカスハラに対して罰則規定を設けるかはいまだ不透明ではあるが、日本の首都である東京都の動きは大きな指針となるだろう。

同じく三重県もカスハラ防止条例制定を目指しており、カスタマーハラスメント防止対策推進本部を設置し、検討を進めているという。

【東京都カスハラ防止条例の基本的な考え方】

- 何人も、あらゆる場において、カスタマーハラスメントを行ってはならない」として、カスタマーハラスメントの禁止を規定
- 「カスタマーハラスメント」の防止に関する基本理念を定め、各主体（都、顧客等、就業者、事業者）の責務を規定
- 「カスタマーハラスメント」の防止に関する指針を定め、都が実施する施策の推進、事業者による措置等を規定

第2章　変容する個人と社会

1　増えるカスハラの実態と企業の対応

カスハラが発生している業種・業態

企業経営におけるカスハラ対策の重要度が日増しに高まってきていることは第1章でも述べた。では、どのような業種・業態でカスハラは発生しているのか？　また、企業側はどのような対応に迫られているのだろうか？　２０２４年5月に厚生労働省から発表された「職場のハラスメントに関する実態調査」から、その実態を見てみたい。

『過去3年間の顧客等からの著しい迷惑行為に関する相談の有無』について業種別に『有』と回答した割合の高い順に「医療、福祉」が53・9％、「宿泊業、飲食サービス業」が46・4％、「不動産業、物品賃貸業」が43・4％となっている。「卸売業、小売業」「金融業、保険業」も40％を超える高い割合で迷惑行為の相談を認識している。どの業種も見てのとおり、いわゆる対一般消費者向けのビジネスである。

「医療・福祉」については、病院での受付などで多くみられるようだ。長時間待たされた患者が職員に暴言を吐くケースがあり、職員が説明を尽くしても「責任者を呼べ！」と激昂することが多いという。また、入院患者が「看護師を替えろ」と無理な要求をするケースもある。

同様に介護現場でもカスハラ事例は目立つようになっている。２０２１年に老人ホームで発生したカスハラによる裁判（注１）は今後の指針として参考になる。

「宿泊業、飲食サービス業」はカスハラが発生しやすい業種である。カスハラ事例の多くはこの業種で発生していることを考えると、割合が高くなることも頷ける。

「不動産業、物品賃貸業」については、例えば賃貸住宅の退去時に原状回復等で入居者と揉めた際やレンタカーなどの返却時のキズの確認時などが想起される。どちらも契約に従った行為を企業側が行っているが、顧客側が納得できないということでカスハラまで発展するケースが考えられる。

著しい迷惑行為の具体的な内容

次に、著しい迷惑行為の具体的な内容を見てみたい。調査結果によると、もっとも多いのが「継続的な（繰り返される）、執拗な（しつこい）言動（頻繁なクレーム、同じ質問を繰り返す等）」の57・３％（複数回答）である。

次位が50・２％で「威圧的な言動（大声で責める、反社会的な者とのつながりをほのめかす等）」が続き、33・１％で「精神的な攻撃（脅迫、中傷、名誉棄損、侮辱、暴言、土下座の要求等）」が続く。「身体的な攻撃（暴行、傷害等）」は５・１％と少なく見えるが、前記の行為の延長線上に存在するため企業側としては大きなリスクとして捉えておきたい。
いずれにせよ、カスハラは『執拗に、威圧的に』行われる傾向が強い。

企業のカスハラ対応・対策

このようなカスハラ行為に対して企業側の対応・対策についても見てみたい。

「医療・福祉」については、社内マニュアル策定・研修や顧客への周知・啓発、行為者の出入り禁止などの対応が多くなっている。介護施設など、入居者が特定されている場合は周知・啓発も有効な対策となるはずだ。

逆に「宿泊業、飲食サービス業」については、この周知・啓発の対策実施率が少なくなっている。不特定多数で一度限りの顧客も多い業界でもあり、対策の有効性には限界があるのかもしれない。

覚えておきたいのは、この調査においてカスハラに対する対応策について「特にない」と回答している数が半数以上（55・8％）を占めている点だ。業種によって発生割合が異なるカスハラだが、企業の取り組みは全体的に見て鈍く感じられるのは事実である。

注1：東京地判R3・7・8（平31（ワ）1474号）老人ホームの利用者がカスハラ加害者となり、施設側が利用契約解除とその後の施設利用料を2倍とする合意が有効かどうか

が争われた裁判。認知症であった被告の母が原告側の職員に暴言や脅迫を繰り返していた。原告の施設側は利用解除と解除後は施設利用料を2倍とする契約を締結していたが、被告側がこれを拒んでいた。判決は双方とも認められることになった。

2　嫉妬心がカスハラを引き起こす？

カスハラはなぜ起こるのか

カスハラはなぜ起こるのだろうか？　ここでは、人間の本質的な部分に焦点をあてたい。人間は嫉妬心をどこかに抱いている生物である。約40万年前にアフリカの大地で人類の起源となるホモサピエンスが誕生する。このホモサピエンスは脳が革命的に進化したことが、後に続く人類の繁栄につながったとされているが、その進化の過程で大きな特徴が見られた。それは、「存在しないものを信じる」ことである。これは他の動物には見られない特性だ。存在しないものを信じる力がやがて宗教を生みだし、現代においても世界中で多くの紛争の火種になっている。信じる力は人類が脈々と後世に伝える潜在的な特性ともいえる。

この嫉妬心はどこから生まれるのか？　それは「比較」からだと私は考えている。他の人との比較で自身が劣っていることがわかると嫉妬心を抱く。

例えば、レストランでこんな経験をしたことはないだろうか？　自分のほうが他の客よりはやく注文をしたはずなのに、後から注文した客のほうが先に運ばれてきている。料理によって調理のスピードが変わることなどを考えれば、納得するケースも多いはずだ。大抵の人は、この状況になってもそのように考え、店側の対応の合理性を見出すはずであろう。

しかし、この瞬間、他の人との比較で嫉妬心を増大させ、一線を超えてしまう人もいる。もちろん、料理が1時間経っても2時間経っても来ないという状況であれば、レストラン側に文句を言うことは正当なクレームとして認められるだろう。が、他の人との比較で順番が異なるだけで、いわゆる「キレてしまう」人は現実に存在するのだ。

第1章でも述べたように、モノのない時代であればこんなことは当たり前に起こる出来事だっただろう。売る側が強ければ、場合によっては1時間どころか数時間待たされることもある。そんなときに、毎回、店員に文句を言っていたら「ならば帰れ」と一蹴されてしまうだろう。モノがない時代は相対的に供給サイドが強い。だから強気な対応もできるし、このような「キレる」客も少なったはずだ。

嫉妬心が一線を超えさせる原動力になる

嫉妬心が一線を超えさせる原動力になってしまう。「他の人間のほうが自分より待遇がよい」

ことが許せない。例えば、通販の配達で誤配があったとしよう。カスハラ的言動で配達員にキレる人は「自分だけがなぜ？」という嫉妬心を抱いている。

しかし、それこそ目に見えないものを信じてしまい、嫉妬心を制御できなくなっているのだ。他の人は誤配がないと思い込んでいる。もしかしたら、その配送会社は他でも多くの誤配を発生させているかもしれない（その場合、企業側の問題が大きいが……）。

今はモノが不自由なく入手できる時代であり、売り手市場から買い手市場へ関係性が移行する中、顧客の人間性がさまざまな場面で顕著にあらわれる時代となった。企業側はこのようなカスハラの背後に潜む人間の性についても学んでおいて損はないだろう。

3　家族や地域コミュニティーの崩壊

カスハラ問題の社会的背景

ここでは、社会の変化からカスハラの生まれる背景を見ておきたい。第1章において戦後から現代にわたる顧客心理の変化を説明したが、ここではもう少しミクロな視点で掘り下げてみたい。私自身、カスハラがここまで社会問題として顕在化してきた社会的背景の1つは「コミュニティーの崩壊」があると思っている。コミュニティーとはなにか？　まず、家族を中心とした血縁的なコミュニティーがある。かつての日本は家族を中心としたコミュニティーが存在していた。

自分を中心軸に考えると、親がいて、子がいて、さらに田舎にいけばそこに親戚なども狭い範囲でコミュニティーを形成して生活をしていた。それが1980年代の頃から都会を中心に核家族化が急速に進む。親と共に生活することが少なくなり、それは自身の子どもたちとも生活を別にするということを意味している。特に団塊世代は、まさにその核家族化を牽引した世代ともいえよう。

この家族のコミュニティーが崩れてくるとどうなるのか？　例えば、こんなケースを想像してもらいたい。

> 父・妻・子の家族で飲食店で食事に出掛ける。そこで父親が店員の態度に腹をたて、文句を言い始める。この様子に妻と子は見かねて父親の言動を制止する。制止された父親も、改めて自身の言動が家族に迷惑をかけていることに気づき、以後の行動を気をつけるようになる。

別に珍しい光景でもない。こんなやり取りはどこの家族も一度や二度は経験しているかもし

【図表5　コミュニティーが崩壊する時代】

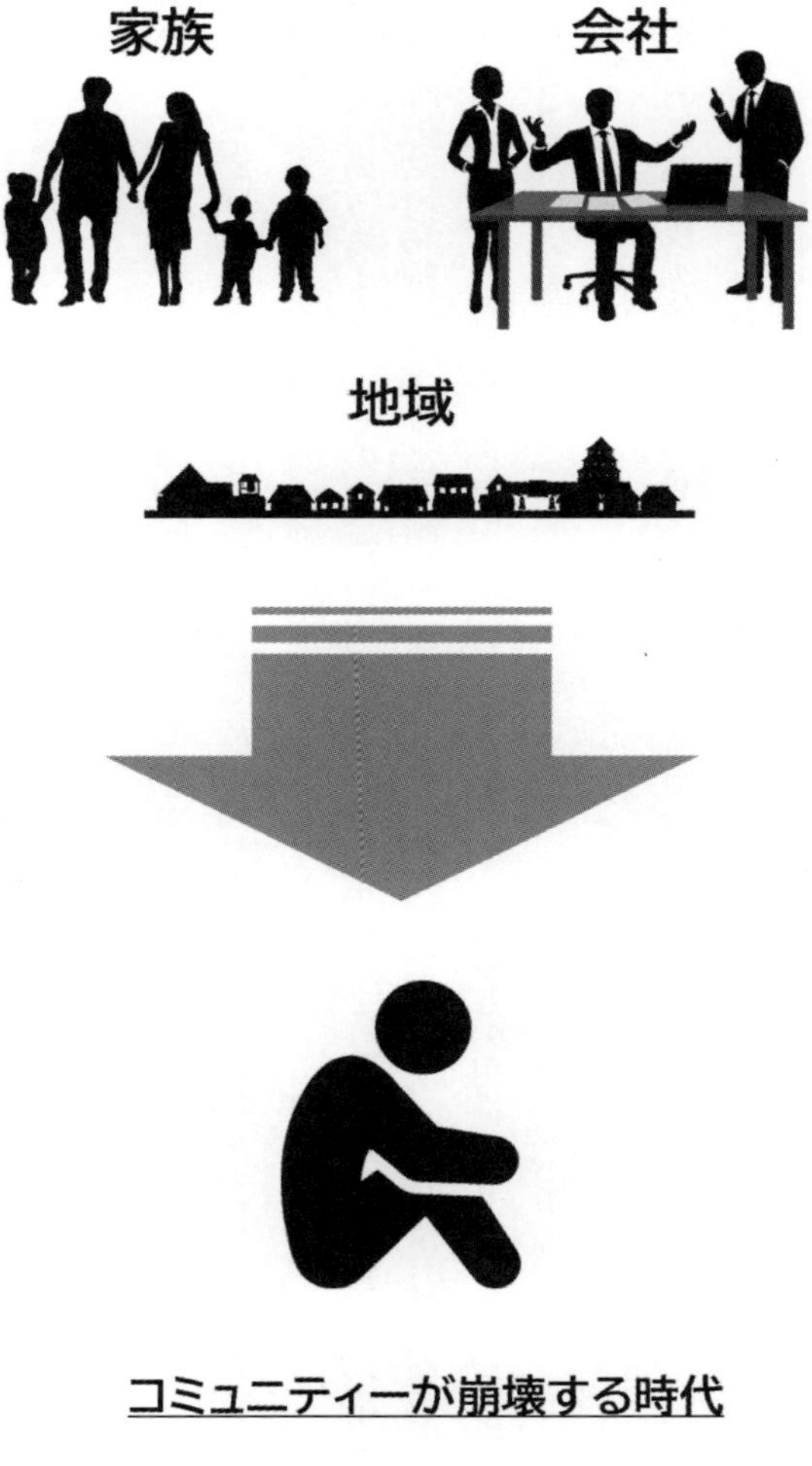

れない。しかし、実はこの何気ないやり取りこそがコミュニティーの効力なのだ。一線を超えようとする父を妻と子が制止する。そこには社会における常識的な行動規範へ軌道修正をかける力が働いている。実はこの力こそが重要なのだ。

カスハラ客は50~70代が全体の約50%を占めている

「国立社会保障・人口問題研究所」は5年に一度、国勢調査をもとに将来の日本の世帯数などを推計しており、２０２４年は２０５０年までの予測を発表している。その予測を見ると、65歳以上人口のうち１人暮らしの割合は、男性が２０５０年には２０２０年と比較して10ポイント以上増え、約26％に達すると予測している。女性は約29％であるが、これは男女の寿命の差があらわれているのだろう。さらに、この65歳以上の１人暮らしの男性のうち約６割が未婚が占めるとされている。

１章でも紹介した労働組合が発表したカスハラに関する調査結果（３万３０００人が回答）を見るとカスハラ客の推定年代を見るとは次のようになる。

【カスハラ客の推定年代】

・50代……27・２％

・60代……29・４％
・70代……19・１％

なんとカスハラ客は50～70代が全体の約75％を占めていることになる。うち60代～70代が約半数。労働組合では２０２０年にもカスハラ客の属性を調査しており、その構成比は男性が約75％を占めるという結果も出ている。企業の危機管理支援を提供するエス・ピー・ネットワークも２０２３年にクレーム対応を行った経験のある社員を対象にした実態調査を発表しており、こちらでもカスハラ行為の相手の約８割が男性であったという。

女性のカスハラ加害が少ない理由を私自身は「横の関係のコミュニティーをつくりやすいから」と考えている。女性は年齢を重ねても友人や知人とのコミュニティーを形成し、新たな関係を構築していくことが得意だ。一方で、男性はなかなか横の関係の構築が難しいという性質がある。

ここに家族というコミュニティーも縮小・崩壊が重なると、高齢男性の孤立化が今後も進行することは想像に難くない。ましてや未婚の高齢男性も増える。

他者に対する攻撃性に歯止めをかけるのは、自身の理性がもっとも重要かもしれない。しかし、その理性を保ち続けるのもコミュニティーの存在が大きな役割を果たすのではないか。

【図表６　カスハラ客の傾向】

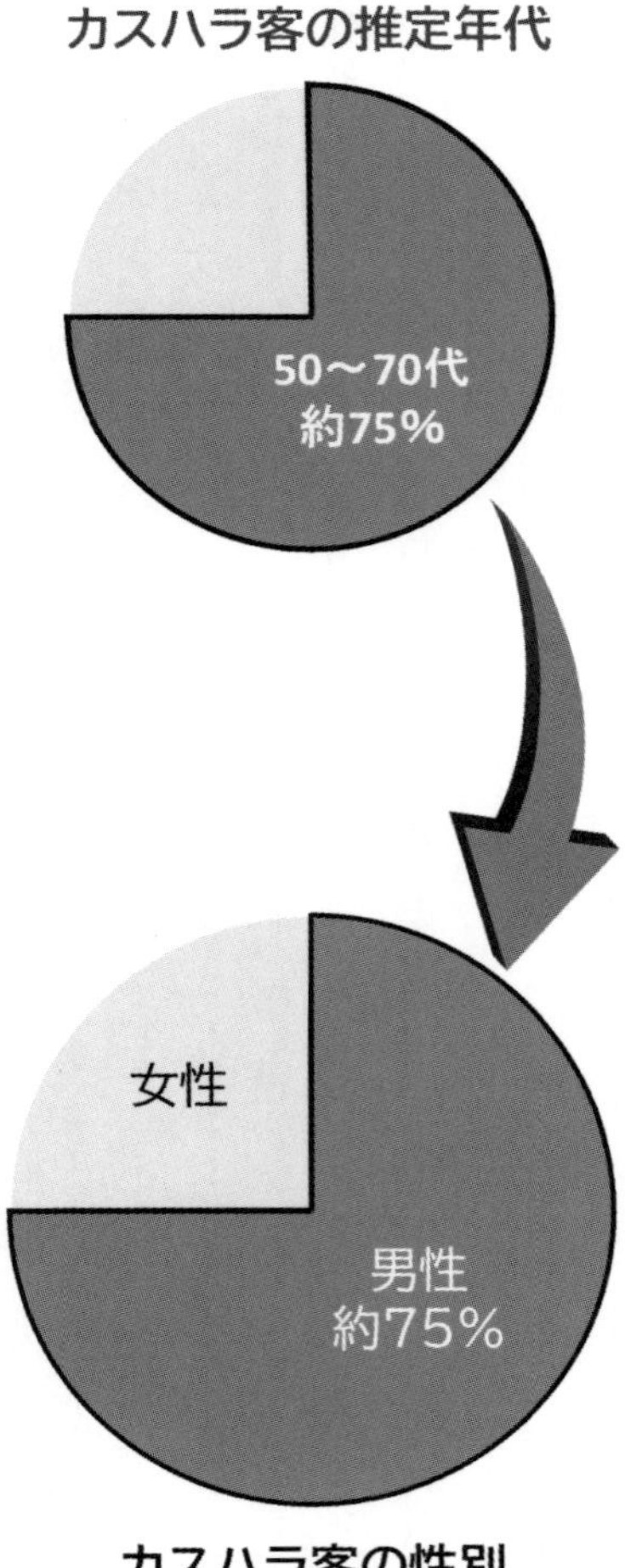

4　自分の役割がわからなくなる時代

カスハラは社会の変化の中で鬱積した人々の不安や失意が噴出したもの

コミュニティーの崩壊と併せて、現代は自分の役割を見失う時代でもある。例えば、男性であれば長年の会社勤めを終えると定年退職を迎える。今までは会社というコミュニティーに属し、自身も会社の中での役割が明確で、そこに安心感を覚え仕事をしてきた人も多い。

とくに課長や部長という役付きの方々であれば、職場ではそれなりに敬意をもって対応されるのが当たり前の日常を送ってきた。そのような人々が退職すると同時に何が起こるか。会社の中で築き上げてきた、組織のヒエラルキーの中での役割が消滅してしまうのである。

つまり、その瞬間から「何者でもない、ただの人」となるわけだ。もちろん、退職後も先輩や後輩との関係を持ちながら、仕事仲間のコミュニティーを構築して老後を楽しく謳歌している方も少なくない。しかし、そうはならない人の数もまた多い。

退職した後に友人づきあいが減り、孤独感に見舞われる。趣味を通じてコミュニティーに属していけばまだいいが、それも難しい場合は、いわゆる拠りどころがなくなる。

会社というコミュニティーに長く属していた人間はいつまでも、そのアイデンティティを維持しようとする傾向が強い。今までの「会社」というコミュニティーでは、後輩に対して礼節などについて徹底的に教育してきた経験をしている。

コミュニティーから離脱した自分自身が、次に自分のアイデンティティを確立できる場所はどこかと探していくと、日頃よく立ち寄る飲食店や小売店がある。ここで若い店員の態度が少しでも気にくわないと噛みついてしまう。「自分は元々、立場が上の人間だった。礼儀を教えてやる」といった具合に……。

このような「教育もどきカスハラ」が企業や店で数多く発生し、関係者を悩ませている。常連客で「また始まったよ…」くらいで済む程度のものであればよいが、企業や店側の業務が滞り、実害が発生するほどまで発展すると対処せざるを得ない事態に発展する。

人間はコミュニティーにおける役割が不明瞭になったり、喪失したりすると、それがストレスとなる。ストレスは他者への攻撃性を高めることにつながる。昭和から平成、そして令和と時を経て、社会も大きく変容してきた。そして、私たちのライフスタイルも昔とは比較にならないほど多様化している。

カスハラは突然変異で顕在化したものではなく、こうした社会の変化の中で鬱積した人々の不安や失意が噴出したものと捉えることもできるだろう。

5　他人を攻撃する行為とＳＮＳの相関

ネットの登場で商売のスタイルが大きく変わる

21世紀はまさにネットの時代といえる。企業側もネットの登場により、商売のスタイルが大きく変わった。職場の業務もネットが普及する前は基本的には手作業が中心。伝票処理も手書きで、報告書も業務終了時に自身がせっせと作成し、上司に提出したものだ。そこにパソコンが入ってくると、業務の作業スピードに大きな変革をもたらした。なにより、計算処理が正確で速い。文書作成ソフトや表計算ソフトを使いこなすことで、作業時間は劇的に短縮された。デスクの上にパソコンが設置された後は、そのパソコンがネットワークで結ばれるようになる。

そうなると、社員同士のコミュニケーションが劇的に変わった。メールやチャットツールで、デスクに座りながらコミュニケーションがとれる。東京本社の社員が北海道支社の社員とコミュニケーションをとるのも、以前は電話かＦＡＸ。今ではメールやチャットツールで瞬時に完了してしまうし、ビデオ通話も簡単に行うことができるから相手の顔を見ながら世界のどこにいても会議をすることも可能だ。

ネットの活用は社内業務に留まらない。私たちの生活にも大きな変化をもたらした。今まで、店に行って購入や注文をしていたものが、ネットでは家にいながらすべての手続が短時間で済んでしまう。アマゾンドットコムで書籍や消耗品を注文すれば、翌日には自宅まで配送が完了してしまうのだ。50年前、こんな世界を誰が想像しただろうか。ネット社会前、ネット社会後では、商売が１８０度転換したといっても過言ではないだろう。

ＳＮＳの手軽さは、匿名で自由に投稿できる点

現代の企業が求められているのは、このネット社会に適応したマーケティング能力である。その際に重要な存在となるのはＳＮＳ（ソーシャル・ネットワーキング・サービス）だ。「X」や「フェイスブック」「インスタグラム」など、若者を中心に利用が拡大し、すでに生活の一部となっている。個人が自由に投稿を発信する。それに共感した人たちがさらにその投稿を拡散する。この連鎖の仕組みを企業もマーケティングとして活用しているのだ。現代の企業においてＳＮＳは重要なマーケティングツールでもあり、従来の新聞やテレビへの広告出稿以上に重要視しているところも少なくない。

インターネットは人々に「情報発信の自由」をもたらしたといわれている。ＳＮＳを代表するように、誰も自由に投稿が発信できる。もちろん公序良俗の問題はあり、投稿に社会性は求められる。もう1点、重要な特徴がある。それは匿名性だ。「フェイスブック」のように実名

をベースとしているサービスもあるが、ＳＮＳの手軽さは匿名で、自由に投稿できる点。これが利点でもあり、ときには大きな落とし穴となり、多くの人々を巻き込んだスキャンダルとなることも多い。次のような実証実験を紹介したい。

【人間の暴力性・攻撃性の実証実験】

女子大生４人がブースに集められ、うち２人は頭巾を被せられ、残り２人は名札をつけ、誰だかわかる状況をつくる。ブースのマジックミラーから隣の部屋で面接の様子がうかがえる。面接は教授と女性の２名。あらかじめ、この女性との話の内容を４人の女子大生に共有した。１人の女性はけなげでかわいらしい話し方で誰もが好印象を受けるもの。もう１人の女性は自己中心的な話し方であきらかに悪印象を与えるもの。女子大学生４名には、ストレス環境下における実験の一環として女性たちに電気ショックを与える実験と伝えていた。この実験でわかったことは、頭巾を被った女子大生２名は名札をつけていた女子大生２名に比べ、２倍の時間をかけて電気ショックを与えていたということ。印象の善し悪しに関係なく、電気ショックを２倍ほど与え続けた。一方、名札をつけた女子大生２名は好印象の女性に比べ、悪印象の女性に対し、２倍の電気ショックを与えており、印象によって調整を行っていたことがわかった。

これは、米国の心理学者であるジンバルドーが行った実験の1つである。頭巾を被ることで匿名性を確保された人間の暴力性・攻撃性を実証したものだ。昨今、SNSでの誹謗中傷等における事件の数々は、この匿名性における暴力性・攻撃性に起因している。

2024年に開催されたパリ・オリンピックの日本代表選手に対するSNSでの誹謗中傷を見ていても頷ける。誰もが知っている著名な選手を、顔の見えない圧倒的多数の人々が攻撃していく。エコーチェンバー効果で自分の意見や考え方に近い人たちがサイバー空間上でSNSという媒介を通じて集団化し、対象を見つけると攻撃を繰り返すようになる。

ネット社会に潜む匿名性の暴力性・攻撃性

私はこのSNSで起こる事象とカスハラが増加する背景も密接に結びついているのではないかと考えている。カスハラはどのシチュエーションであろうとも、完全なる匿名性を確保できる環境にはない。顔は割れるし、身元情報もさらけ出している状況で異常な行動に出ているのだからSNSでの匿名性とは関係ないと思うかもしれない。

しかし、その暴力性や攻撃性は、ときにサイバー空間とリアルの垣根を崩してしまうキッカケがある。すでに述べた嫉妬心が影響を与えていると思われる。SNSで誹謗中傷を繰り返す人も突きつめて考えれば、どこかで嫉妬心を抱いている。SNSで誰もがうらやむ活躍をしている人を眺めているといつしか「あいつだけ……」という暗い思いが鬱積してくる。それが、相手のある出来事や事件が表面化することで一気に噴出してしまう。匿名であるから歯止めがきかない。

嫉妬心は人間である以上、誰もが抱くものである。「嫉妬心を抱かず、前向きな人生を歩みたい」と人は誰しもそのように考え、目指すが、人間は弱い生き物でもある。ギリシャ神話に登場する女神ヘラの嫉妬は有名な話であり、古代ギリシャの哲学者であるソクラテスは『ねたみは魂の腐敗である』と断じている。嫉妬する心は現代に突然あらわれたものではない。古代より人間が持つ性であり、それを理性で抑えながら社会生活を営んできたのが人類といえる。そして、嫉妬は往々にして自身の思い込みや勘違いであることも多い。ＳＮＳの匿名性は、人間が持つ嫉妬心を増大させ、爆発させてしまう。人間の中に潜むパンドラの箱を開けてしまうのだろう。

従来はカスハラのようなリアルな場での攻撃や暴力という行為につながらなかったものが、いつしかその境界が曖昧になり、垣根は崩れてくる。自分が目にした相手の「気に入らないこと」に瞬時に反応するようになってしまう。

ネット社会は便利であるのは確かである。そんな便利な社会に潜む匿名性の暴力性・攻撃性は企業側も常に頭の片隅においておかなければならない。ＳＮＳでも、リアルの店舗でも、いつ自分たちにその矛先が向けられるかわからない。

【図表７　ＳＮＳを利用したカスハラ行為】

第3章　顧客志向とクレームの関係

1　生涯顧客化の視点

過去の体験・習慣からの脱却

カスハラ対策を具体的に考えていく前に、企業において「顧客」とはどのような存在なのかを少し考えてみたい。私自身、企業にとってカスハラ対策は喫緊の課題として取り組まなければならないのは間違いないと思っている。しかし、企業は顧客とどのような関係を構築していくかという点をもう少し見つめ直す必要があるとも思っている。

政治の世界では「戦後レジームからの脱却」というフレーズはよく使われてきたが、顧客との関係性も現代において変化してきていることを企業は敏感に感じ、過去の体験・習慣からの脱却が求められているのではないか。

生涯顧客化

私が本書でもっとも伝えたいポイントは「カスハラ対策をうまくできる企業は顧客満足度もあがるはず」という点だ。逆説的でもあるが、クレーム対策もこれに通ずるところがある。現代の企業と顧客の関係性において重要なのは『生涯顧客化』という概念。生涯顧客化を実現するために、企業はあらゆる満足度向上の施策を打ち出している。

ブランドのファンになってもらい、顧客と末長い関係を築いていく。アップルやルイ・ヴィトン、メルセデス・ベンツなど欧米の名だたるブランドは価格優位性では競っていない。ブランドの理念や思想に共感してもらい、顧客はファンとなり、関係性を構築する。企業の目指すところはこの生涯顧客化だが、これからの企業においてはカスハラ対策への取り組み方が重要な要素になると私は確信している。

例えば、アメリカ人は生涯において約1万個のハンバーガーを消費するといわれている。多少の誤差はあるだろうが、統計的に平均化するとそれくらいになるそうだ。

ここで考えてもらいたいのは1人の顧客が生涯に約1万個のハンバーガーを消費するという事実である。見方を変えれば、1人のアメリカ人はハンバーガーを提供する企業にとって、約1万個を消費してくれる顧客であると言い換えることができる。人口が劇的に増加しない時代において、このインパクトは大きい。この1人の顧客をいかに生涯顧客として囲い込んでいくかが大切であると気づくはずだ。

顧客との関係をどのように構築していくか

ハンバーガーの例にとどまらず、どの業界でもそのような見方で顧客を捉えると、関係性をどのように構築していくべきかが、おぼろげながら見えてくるのではないだろうか。特に日本は少子高齢化で市場は縮小傾向にある。このような時代に、大量生産・大量消費時代の戦略は通用しないだろう。

商売は大企業が有利かと思いきや、実は小回りがきき、SNSなどで顧客とのダイレクトな関係性を構築しやすい中小企業もチャンスの大きい時代が到来している。このような時代だからこそ、カスハラ対策をいかに生涯顧客化につなげることができるかという視点は大きな意味をもってくる。

そのためには、対処療法的に対策を講じるのではなく、自社における顧客との関係性を見つめ直しながら、クレームやカスハラにいかに対応していくのかという視点が必要になるだろう。

1000人の顧客が存在する中でカスハラ発生率が1%だとすると、異常な行動をとるのは1人という計算になる。この1人の対策のために残り999人の顧客が離れていく対策をわざわざ講じる必要はない。

第4章でも詳述するが、昨今のカスハラ対策の風潮を見ると、顧客志向との乖離が著しい。企業は顧客が存在してこそ初めて成立する。その関係性についていま一度議論すべき時期にきているのではないだろうか。

２　偽りの顧客志向からの脱却

企業が生み出した負の連鎖

従来の顧客志向について考えたことがあるだろうか？　顧客志向はそれぞれの企業で文化として根づいているものと思われるが、果たしてその考え方や行動指針は今の時代に合致したものなのだろうか？　そんなことを言うと「間違っていない。顧客志向は顧客志向だ！」というお怒りの声が聞こえてきそうだが、ではその顧客志向で前項でも述べた生涯顧客をつくりだせるのだろうか？

私は戦後から長く日本企業に根づいてきた顧客志向は「売らんがための手段」に過ぎなかったと考えている。モノが不足している時代から顧客争奪戦へ移行する中で「お客様は神様」であると刷り込まれてきた日本人と日本企業にとって、顧客との関係性構築とは「売らんがためにおべんちゃらを言う」ことに過ぎなかったのではないか。それは本来の顧客関係性とはいえないだろう。とにかく売りたいから顧客を崇めるフリをする。

例えば、アパレル系のショップなどで、まったく似合わない服を選ぼうとしている顧客に対し「よくお似合いですよ」というのが果たして本来の顧客関係性構築に有益なのか。「それはお客様に似合っていないので別のものを探すべきだ」とストレートに伝えることは顧客志向に反するのか。従来の顧客志向は「お客様のために」というお題目を唱えながら、売らんとするための方便を繰り返してきただけではないだろうか。

このような偽りの顧客志向のなれの果てが「安くすりゃ買ってくれる」という安易な発想を生みだすことになる。結果、よい商品やサービスという前提が崩れ、とにかく安く売ろうとする。結果、企業の利幅は薄くなり、そこで働く社員の給与もあがらない。悪循環に陥るが、「お客様のために」というお題目だけは唱えつづける。これは日本企業が生みだした忌まわしき負の連鎖といえないか。

顧客と末永い関係性を築くことが求められる

前出のハンバーガーを1万個消費する顧客と末永く付き合うためには、ときには「ハンバーガーだけではなく野菜もしっかりとれよ」「あんたは食べ過ぎだから今日は3個までしか売らんよ」などという助言や指摘も必要だろう。

これが顧客ではなく家族や友人ならばどうだろう？　おそらく誰もが同じ助言や指摘をするだろうし、ときには厳しく注意もするはずだ。顧客と生涯付き合おうと思えば、このような本来の関係性を築くことが求められるだろう。

現代の企業に求められるのは、顧客と末長い付き合いをするために、それこそ家族や友達に似た関係性ではないか。それはより「人間らしく」という部分が企業側に求められていることにもつながる。売らんがためでなく、本当に顧客のためを考える。だからこそ、断ることもあれば、あえて売らないという選択肢もありえる。

戦後から俯瞰すると、モノが充足し、需給のバランスが均衡もしくは逆転してきて、顧客にいかに媚びるかの顧客志向が蔓延したように思う。団塊ジュニアが消費の中心を担うようになると、益々その傾向に拍車がかかった。そして、偽りの顧客志向で企業は一斉に走りだしてしまったのだ。

しかし、現代はますます少子化が進み、企業と顧客の関係性は従来のままでは到底乗り切れないことは肌身に感じているはずだ。本当の顧客志向を求めるためには、ときには顧客と喧嘩することも必要になるだろうが、それを企業は恐れる。媚びる企業に１０００人に１人の異常な顧客が襲いかかる。

クレーム対応もカスハラ対策も、企業が人間同士の本当の関係性を構築しようと思えば、おのずと対応は毅然としたものとなるだろう。喧嘩した後に、今まで以上に仲良くなることもある。企業も顧客も人間同士なのだから当然である。

だからこそ、企業側がまず顧客とどういう関係を築いていくのかを改めて見つめ直すことが大切なのだ。そのことを抜きにして、カスハラ対策だけを突き進めていっても根本的な解決に至らないだろう。

本来の顧客志向とは「お客様と良好かつ不断のコミュニケーションを通じて人間同士としての関係性を構築することで、お客様の真の目的をつかみ続けること」ではないか。企業はその点に再度立ち返り、カスハラ対策と向き合うべきだ。

3　クレームをプラスアルファに転換させる

クレームがカスハラに発展するケースが多い

クレームとカスハラの見極めについては、第1章でも定義としては説明している。要求も妥当であり、関係性も損なわれない状態であれば、正当なクレームとして企業は誠実に対応しなくてはならないし、そのようなクレームまでもカスハラとして扱ってしまってはその企業は顧客を失い続けるだけである。

そもそもクレームは合理的・物理的な損得で発生するものである。その合理的・物理的な損得の垣根が崩れると、カスハラに発展しまうケースとなるわけだ。では、カスハラに発展する原因となるものはなんだろうか？　その引き金となっている多くは感情ではないかと私は考えている。顧客の多くは最初は合理的・物理的な損得において妥当な要求を行っているケースが多い。それが店員や係員という人間同士のやり取りにおいて感情がその垣根を超えさせるわけだ。

店員や係員の対応があまりにも悪くということもあり得るだろうが、残念ながらこの場合、お互いに事情を問い質すとどちらにも理屈が存在する。店員や係員にしてみれば「社内で定められた規則に則って対応しただけで自分が悪いとは思えない。それなのに顧客が逆上してきた」と言うだろう。一方で顧客側からすると「自分は正当な要求をしたつもりなのに店員や係員があまりにも態度が悪く、話を聞き入れない。それはおかしいではないか」という理屈が成立するだろう。それもまた一理ある。

顧客の感情を逆の方向へ引き寄せるクレーム対応

結局のところ、多くのカスハラはクレーム対応において感情の垣根を超えたところで発生する場合が多い。最初から異常行動を狙って店員や係員を困らせてやろうというカスハラ常習犯は別として、このようなクレーム対応から派生するカスハラをいかに防ぐことができるのだろうか。

実は顧客の感情を逆の方向へ引き寄せるクレーム対応を経験したことがある。私が講演前にある喫茶店に入った際の出来事だ。夏の暑い日で講演資料を確認するついでにアイスコーヒーでも飲もうと注文し、店員が持ってきたときにそれをこぼされたのだ。おかげでワイシャツがびしょびしょに濡れてしまった。この後、会場で講演がある。これはまさに物理的な損得問題の発生だ。私自身はこのワイシャツを高級クリーニングへ出してもらい、元のかたちに戻してもらうことを要求する権利はある。

大抵のクレームはこの物理的な要求に関するもの。ここでの店側の対応でクレームが無事に処理されるか、顧客の感情を逆なでして、逆に問題を大きくしてしまうかの別れ道でもある。そして、この店の対応は非常に参考になるものだった。店主はすぐさま詫びに来て、近くに紳士服店があることを教えてくれる。そこで替わりのワイシャツを購入してきてもらい、その代金を弁償したいと申し出た。私も時間がないのですぐさま紳士服店に走り、領収書を持参し、店主に渡したのだ。その際、店主が再度詫びに来て、その店で販売しているクッキーを添えてくれた。

私の中ではワイシャツの汚れという物理的な要求は代金を弁償してくれたことで達成はしている。さらに、そこにクッキーを添えてもらったことで逆に店側に好意的な感情を抱くことになった。クッキーを渡されたときに「悪いね。そんなつもりじゃなかったんだけど」と逆に恐縮してしまった。クッキー自体が高価なものかどうかは定かではないが、その心意気に感情は悪いほうへ向かわなかったわけだ。この店のクレームの対応は非常にうまかった。現に、私はその店にいまでも通っている。

顧客の予想を超えるクレーム対応が、顧客の感情をプラス方向に立て直せる

物理的な損得を超えたサービスがあったときに顧客は悪い感情を抱かないのはおわかりかと思う。クレーム対応の基本はこの物理的な損得を超えたサービスにあると私は思っている。これこそ顧客の感情を動かし、企業のファンと変える唯一の手段ともいえる。

しかし、言葉でいうほど簡単ではないのが、このクレーム対応の難しさであろう。このような事象の対処策として弁償等の額も原価を計算して換算している企業も少なくない。クレームのたびにプラスアルファのサービスで補償していては、逆に企業が損を被ると考えれば無理もない。しかし、そのような考え方ではクレームがカスハラに発展することを助長することになるのではないか。

先の喫茶店を例にあげれば、何かミスをしてしまったたびにお詫びにクッキーを添えていては余計な経費と考える前に、店員がいかにミスをしないかのオペレーションを改善したり、作業工程を見直すなどの工夫を凝らしたほうがよほど健全だろう。大切なのは顧客の予想を超えるクレーム対応で顧客の感情をプラスの方向へ立て直すことだ。このようなクレーム対応を心

がけていれば、カスハラへの発展も極小化できるはずだ。

4　プラスマイナスゼロなのに感情は異なる

クレームへの対応姿勢が大きく影響するカスハラ対策

クレームについてもう少し触れてみたい。カスハラ対策を考える際にも、このクレームへの対応姿勢が大きく影響を与えると考えているからだ。

クレームとは、言い換えると事故である。何らかの理由で事故が起き、それにより顧客が合理的にも物理的にも損害を被った状況にある。その状況下で物理的にも感情的にもうまく整理をしてくれて、謝罪の対応も丁寧かつきめ細やかであれば、逆に企業側への信頼は高まる。先ほどの私自身の喫茶店の例がそれに該当するだろう。こんな例も紹介したい。

【あるホテルの対応例①】

Aさんはあるホテルでイヤホンの片側だけをなくしてしまった。装着したまま寝てしまったのか、部屋のどこかに落としたのかわからないが外出先で気づいた、ホテルへ戻った際にフロントに伝えると「清掃員にも確認して探してみます」との返答。とはいえ、すでに時間も経過しているし、見つからないだろう。明日にはチェックアウトなので、ホテル側も「なかった」といえば済む話である。

「代替品を購入するか…」となかば諦めかけていた翌朝、フロントの受付に行くと「昨日のイヤホンが見つかりました。こちらで間違いないでしょうか」と。思わず「どこにありましたか？」と尋ねる。すると「部屋から出たすぐの廊下に落ちていて清掃員がどこの部屋のものかわからず遺失物のところで処置に困っていたようです」と。

このときのAさんの心境を考えてみたい。なくなったと思っていたイヤホンが見つかったことにより、代替品の購入が不要になったことと使い慣れた愛用品が手元に戻ってきたことがなにより安堵となる。さらにホテル側の対応もプラスアルファに働く。短い時間の中で色々と探してもらったこともあるが、誠意ある対応をしてくれたことが心に響く。

さて、ここで客観的に考えてもらいたい。Aさんは、実は物理的になにか得をしたわけではない。もともと自分の所有していた物品が手元に返ってきただけの話である。プラスもなければマイナスもない。

それでも、Aさんが得した気持ちになれた要因は2つある。1つは、なくしたと諦めかけていたこと。それが元に戻ると人間は妙に得した気分になる。もう1つは、ホテル側の誠意ある対応だろう。短い時間でしっかりと探してくれたホテルに対して感謝の念を抱く。物理的に現状からなにも変わりはないにも関わらず、Aさんは「得した気分」になった。そして、ホテルの対応にも信頼を寄せることにもなる。

物理的な損得以上に感情が重要

事故はどうしても起きてしまう。クレームも事故が起きて発生するものである。前出の対応例①は、企業の対応により顧客の感情はプラスにもマイナスにも振れることを示している。現状に戻してあげることと誠意ある対応をしっかり行うことで、今まで以上の信頼関係を顧客と構築することができるのである。

逆にこんな例だとどう感じるだろうか？

【あるホテルの対応例②】

Aさんはあるホテルでイヤホンの片側だけをなくしてしまった。装着したまま寝てしまったのか、部屋のどこかに落としたのかわからないが外出先で気づいた。ホテルへ戻った際にフロントに伝えると「ちょっと待ってください」との返答。裏で清掃員らしき方となにやら話をしてすぐにもどってきて「ないみたいですね」と。「部屋でなくしたと思うのですが」とAさんは確認するが、「清掃員はないと言っていますね」との再度の回答。「仕方ないか…」と諦めてチェックアウトを済ませ、帰宅する途中にホテルからメールをもらう。「イヤホンがあったので保管している。時間あるときに引き取りに来てほしい」と。すでに帰路についているAさん。引き返す時間もないので、仕方なくホテルに連絡し、郵送してもらうことにした。

先の例と比較しても、物理的にAさんに損害は発生していない。結果としてイヤホンは手元に戻ってきている。しかし、ホテルの対応を不審に思う気持ちは否めない。「フロントは『見つからない』と言っていたのに。もう少し、しっかり確認してもらえば郵送の手配などの面倒も避けられたのに…」と。

つまり、肝心なのは「感情」であり、物理的な損得は当然だが、それ以上に顧客の期待値をいかに超えるかが重要なのだ。だからこそクレームを「会社の資産」と認識している会社は、社内で各所でのクレーム事象を共有し、対応方法を議論している。いかなる事象が起こっても顧客との信頼関係を損なうことなく、逆に挽回する力を持っている。

カスハラ対策も実はそれに近いものがある。企業と顧客も人間同士であり、その際に重要なのはお互いの感情である。

5　企業と顧客は揉めることが当たり前

揉め事があるのは当たり前

顧客と揉め事を起こすのは、とんでもないことだと思い込んでいる企業が多い。だから、顧客にへりくだり、売らんがためにおべんちゃらまで使い、お互いにリスペクトした関係ではなく、表面だけの薄っぺらい関係で結びつくことになる。しかし、今では「お安くしておきます」だけで納得する顧客は少ない。価格だけでなく価値も提供する顧客対応が求められる。

そもそも企業と顧客はいろいろと揉め事があるのは当たり前であると認識することが必要である。「高く売りたい」VS「安く買いたい」でせめぎ合う関係にあるのが企業と顧客だ。どちらも損は被りたくない。できることならば、許されるならば、互いに相手に不利・不備を押しつけたいという関係性にある。簡単にいえば利害が対立しているわけだ。

そして、時代により、この揉め事の性質も変わりつつある。かつては現場におけるお客様対応に注意しておけばよかったが、今ではネット対応は当たり前。SNSも一般化し、顧客とのつながりの形態は多様化している。コミュニケーションのあり方も大きく変化する中で、ちょうど現代は過渡期を迎えている。

過去と現代の常識論がせめぎあい、企業と顧客双方でインシビリティ（配慮に欠けた言動）が発生している。カスハラは顧客が店員や係員に対する行き過ぎたインシビリティともいえるが、企業側の顧客に対するインシビリティについても考えておかなければならない。顧客は世代もさまざまであり、現代的なコミュニケーションの常識もなかなか通用しない方も多い。

それでも、企業側は顧客として迎え入れるならば、それ相応の対策を講じておくのは当然であろう。そして、そこに揉め事が起こることも前提にしておくくらいの心がまえが求められるのではないだろうか。

前章でも述べたように、現代はかつてのコミュニティーが崩壊し、変容している時代である。家族や親戚というコミュニティーが薄れ、どこか居場所のない人たちが増えているのは間違いない。その中で、ネットを中心にコミュニケーションの形態も変わってきた。

そのような人々が拠りどころになるのは、現代のトライバリズム（部族中心主義・同族意識）を感じられる企業であったり、店だったりするのかもしれない。毎日、同じ店で買い物したり、食事をしたりする。ネットでは同じ商品を購入した仲間同士のコミュニティーが誕生している。そういう場所で自分の居場所を確かめあう時代ともいえる。

商品やサービスを提供し、顧客と関係性を構築しようと考える企業としては、このような社会の変容を否定することはできない。時代に適応した顧客志向を模索していくことが必要になるのだ。

顧客との揉め事に対応する術を身につける必要

だからこそ、企業は顧客との揉め事をいかに対処するかの術を身につけておくべきだと私は言いたい。逆にそういう時代の変化をうまく味方につけることができた企業が強い。例えば、企業ではなく一般ユーザーの口コミや投稿であるＵＧＣ（User Generated Content）の活用がマーケティングの世界において重要性が増している。

レストラン予約サイトや通販サイトなどでよく目にするこのコンテンツはまさに現代の新しいコミュニケーションとコミュニティーを体現しているといえよう。

カレー屋の親父が「ウチのカレーは美味い！」と叫んでも、やはり説得力としてはイマイチ。一般ユーザーが「ここのお店のカレーは美味い！」と投稿し、それに共感する他のユーザーも続いて投稿を行う。そういう共感をベースにした仲間意識が現代のコミュニティーとして成立している以上、企業側も昔のままの感覚で接客や対応をアップデートしていかなくてはならない。

それを無視して企業側の論理で物事を進めれば、顧客はインシビリティとして不満を持つし、過剰な行動に出るケースも生まれるだろう。

6　クレームを活用できる社内体制を

顧客志向とは

顧客志向とは大雑把にいえば「消費者の声に耳を傾け、その声を商品、サービス、売場に反映する」ということである。

そして、ときに顧客の声は「クレーム＝苦情」といった形をとる。現実的に顧客の声の大半は「クレーム」だといっても差し支えない。しかし、一般的にはクレームを受けることが好きな人などいるわけもなく、クレーム処理は日の当らないダーティーワークといったことになりがちで、社内のだれもができるだけ関わりたくないというのが本音になる。

そのため、多くの企業がクレームに対して安直な対症療法的対応に終始するだけで企業の体質やシステムまでは変えたがらない。要するに本来の意味での顧客指向になり得ていないのだ。

クレームに対して「臭いものにはフタ」的な対応を繰り返すことになり、やがて鬱積した消費者の怒りが大爆発を起こし、取り返しのつかない大問題に発展してしまう。多くの大企業でもこのクレームを隠蔽し続け、経営の屋台骨を揺るがす大事件に発展していることは衆目の一致するところだ。

このクレームを企業情報としてみれば、その情報性は非常に高い。このことは情報を情報量の多寡と情報価値の高低に分けて考えてみればよくわかることだ。情報量の多寡でいえば、その情報が「驚き」であればあるほど情報量が大きいということである。要するに「予想だ」にもしなかったことが情報量の大きな情報ということであり、反対に周知のことは情報量が小さいということになる。

こうして見るとクレームの多くは、実は大きな情報量を有していることに気づかされる。クレームという辛辣だが限りなく顧客の本音に近い情報量の大きな情報を真摯に受け止めない限り、企業は時代にそった変革が望めないということになる。耳障りのよい肯定的な情報だけを得ている経営陣はその段階に安住するのみで時代の変化に追いついていくことはできない。

クレーム情報は顧客からの提案

一方、情報価値とは「情報それ自体はビジネス的には全く無価値である」ということであり、その情報を得て、なんらかのリアクションを起こさない限り価値は発生しない。要するに価値はリアクションの結果でしかあり得ない。

クレーム情報は姿を変えた顧客からの商品や接客、店舗施設に対する改善の提案である。そうした提案を積極的に受け入れるオープンな体制と受けたクレーム情報を価値化するための即リアクション体制づくりがクレーム対応の基本になる。

商売人の本当の知恵とは「クレームという災いを転じて福となす」ことである。ここにこそクレーム対策の真髄がある。しかし、初動の時点で対応を誤ると顧客の言動は次第に感情的なものとなり、事態は悪化の一途をたどる。そして、その感情が爆発を迎えたとき、クレーム客がカスハラ客へ変化することになる。

クレームに対して「得難い情報をいただけた」といった視点にたてば、クレーム客に対して心底誠実な対応が可能になる。そして、その誠実な対応はクレーム客をしてもファン客に変えるほどの力を発揮する。

「21世紀の商売繁盛の鉄則は？」と聞かれたら、それは「今日初めて来店購入してくれたお客に、次も来店購入してもらうこと。要するに再来店を限りなく継続してもらうことであり、本当の意味での固定客化の実現」となるだろう。

しかし、ほとんどの企業や店では大半の顧客が移ろってしまう。その原因は少なからず、企業や店の対応、商品へ不満を感じたからに他ならない。クレームをいってくれる顧客はありがたい。大半の顧客はなにも言わず、ただ黙ってその企業や店から立ち去り、そして二度と訪れることはないのだから。

クレームは企業経営の成長の糧

カスハラ対策で勘違いが起きやすいのは、クレーム対応と一括りに捉えてしまうこと。そして、クレームがない状況という到底ありえない世界を目指して突き進んでしまうことだ。クレームがないのは自慢でもなんでもない。クレームは企業経営における成長の糧であり、大切な栄養素の1つである。見極めを間違えてはいけない。

7　正常な顧客と異常な顧客

異常な顧客の割合

語弊があるかもしれないが、顧客には正常と異常の2つに大別することができる。すでに述べてきた合理的・物理的に妥当なクレームを要求してくる顧客はいたって正常である。大抵の顧客は正常な顧客として括ることができると思うが、なかにはやはり異常な顧客が存在することは否めない。カスハラ対策で求められているのは、この異常な顧客への対応である。

異常な顧客とは、悪意をもって企業側を攻撃することを目的としている。例えば、店舗で店員の困った顔を見ることで欲求を満たそうとしたり、脅迫やセクハラまがいの言動をとるケースは間違いなく異常な顧客としてカスハラ対策の対象とすべきである。

難しいのが、正常なのか異常なのかの見分けがつかないケースである。これはカスハラとクレームの定義でも説明した、いわゆるグレーゾーンの部分である。このグレーゾーンの部分は企業側も一概に「異常」と決めつけることがなかなかできない。

なぜならば、先ほども述べてきたように、通常のクレーム対応をしてきた流れで顧客の感情が爆発してしまったケースが考えられる。当初は温和にクレームを伝えていた顧客が店員や係員の応対に激昂して、カスハラ対策の対象となりえる行動へエスカレートしてしまうことがあり得る。この場合、企業側としても自社の対応について再度検証し直す必要があるだろう。

たたし、いくら対応が悪かったとはいえ、法に触れるような悪質な対応はすぐさま警察や弁護士に対応を任せるのは当然といえよう。

では、異常な顧客は「グレーゾーンの部分で企業側の非も検証が必要な顧客」を除くと、どれくらいの割合で存在するのだろうか？　業種業態にもよるだろうが、私は１０００人に１人の割合が妥当なラインだと考えている。そう考えると、残りの９９９人はいわゆる正常な顧客となる。

物事の見方としてどう考えるかであるが、１０００人に１人の割合を多いと感じるのか、逆にそれくらいの少ない割合なのかと捉えるのでは、顧客志向の視点でカスハラを考える上で大きな違いが生まれるだろう。

8　ポジティブにカスハラ対策を捉えよう

顧客との関係性構築からあるべきクレーム対策を考える

カスハラ対策は1000人に1人の割合の異常な顧客への対処と考えるとすれば、見方が少し変わるかもしれない。本章で述べてきたのは、顧客志向の視点でカスハラ対策を考える上で避けては通れないクレーム対応の本質であったり、社会の変容、そして人間の持つ感情についてである。

企業経営は顧客がいなければ成立しない。その顧客自体が時代の流れにより変質してきたことを企業側が知らなすぎるのではないかと私は思っている。いや、知らないというより変化に適応した対応になっていない。50年前と現代に生きる顧客の対応がまったく同じであるわけがない。「そんなことはわかっている」と誰もが頷くが、使っている対応マニュアルは数十年前から何も変わっていない。だからカスハラ対策も対処療法的な対策マニュアルを作成すれば解決できると考えてしまう。

カスハラ対策は顧客志向を起点として、顧客との関係性構築からあるべきクレーム対応と表裏一体であると認識すべきだ。

１人の異常な顧客の対処を考える

カスハラ対策というと、どうもネガティブなイメージがつきまとう。それはそのはず。どの企業も異常な顧客へいかに対峙しようかと戦々恐々となり、行政も関与し、経営上の喫緊の課題として取り上げられている。

カスハラ事件で店員などの被害が大きく報道されるたびに、企業側もいつ自分たちに火の粉が飛んでくるかわからない恐怖に見舞われる。その対応を誤れば、世間からバッシングを受け、社員すらも去ってしまう事態を招くかもしれない。

しかし、考えてもらいたい。何度も繰り返すが、企業は顧客がいなければ成立しない。その関係性において企業が顧客志向を捨て去ることは不可能だ。１０００人に1人の割合の異常な顧客のために９９９人の正常な顧客を切り捨てることはできない。

だからこそ企業は顧客志向を追究し、生涯顧客化を目指し、繁栄を目指すわけである。その過程の中で起こることが、クレーム対応であり、さらにそこを乗り越え、顧客の信頼をつかみとることができる。

カスハラ対策を顧客志向と切り離して考えると、どうしてもマニュアル的な対応となり、さらにクレームからカスハラに発展する顧客を増加させるかもしれない。ここまでも何度も繰り返してきた「企業と顧客の関係＝人間と人間の付き合い」というフレーズに答えがある。

人間と人間の付き合いならばお互いに揉めることもあれば、言い合いになることもある。それをいかに解決させるかを企業として論じていくほうが人間らしい付き合いといえまいか。それを教科書的な対処法だけに頼れば、いずれ正常な顧客も離れ、企業の先行きは暗くなるばかりではないか。——「999人に最高のサービスを提供し、生涯顧客化を実現するために、1人の異常な顧客の対処を考えよう」

企業の存在意義を改めて問い直す機会

カスハラ対策をポジティブに捉えるようにすれば、企業も自分たちのパーパス（存在意義）を改めて問い直すよい機会になるはずだ。そこからどのような顧客と生涯にかけて付き合いたいか、どんな関係をつくりあげたいか。顧客を切り捨てる発想ではなく、顧客との関係性を中心に考えていくとよいだろう。

突き詰めて顧客との関係性を考えていくと、付き合うべき顧客像が見えてくるだろう。同時に、付き合うべきではない顧客像も見えてくる。顧客を切り捨てるのではなく、自らがパーパスを明示し、共感する顧客をファンに変えていくことが、最強のカスハラ対策ともいえる。

とくに顧客とダイレクトに多様な関係性を構築できる中小企業こそ、その強みを生かした取り組みを推進してほしい。

コラム：クレーム対応で「災い転じて福となす」

ペットショップのケース

S氏は日曜日の午後、妻を連れ立って開店間もないペットショップに出向いた。店内は結構な賑わいで活気がある。壁面にガラス張りのケージが30程もあり、中には子犬が入っている。妻は目ざとくミニチュアシュナウザーのゲージを見つけ、S氏の手を引っ張りながら、「ほら見て、見て、かわいいじゃない」といいながらガラスに手を触れ、トントンとならし、子犬の注意を引こうとしている。

すると、どこにいたのか店員がやってきて「犬自体は大変健康です。犬種としても比較的飼いやすく人になつきやすいです。かわいいでしょう」といいながら子犬をゲージから出してみせた。「抱いてみますか」と店員がいうと、妻は「いいの？」といいながら手を出した。店員の説明は懇切を極め、丁寧で申し分がなかった。30分もすると、子犬はS家の一員となっていた。店員は「初めて飼われる場合は結構大変なものです。なんでもご相談に応じますので、気軽にお申しつけください」と言うと名刺を差し出した。そこには店長と記されてあった。よい店とよい店長に出会えたことに安心しながら、子犬を自宅に連れかえった。

それから数週間後、犬の動きも活発になり、出かけるときなどに入れる屋内用ゲージが必要だと思ったSさんは会社の帰りにペットショップに寄った。店長はいなかったが、彼は所定のモノを買うと家に戻った。すると家にはすでに妻がそっくり同じモノを買ってきてあった。そのため、S氏の買ったゲージは明日返品させてもらうことにした。翌日、S氏は車にゲージを積んで会社帰りにペットショップに寄った。やはり店長は不在だったが、昨日相手をしてくれた店員がいた。ここで犬を買ったことも知っている。よもや買ったことを忘れていることもあるまい。S氏は気軽にその店員に声をかけた「いや、申し訳ないけど、これを買って帰ったら女房がそっくり同じモノを先にお宅から買っていたんだ。2つは必要ないのでできれば返金して欲しいのですが」と穏やかに話しかけた、すると店員は「ハイ、かしこまりました。ではレシートをお貸しください」と言う。S氏はレシートをなくしたことに気づき、「いやはや、申し訳ない、レシートをなくしてしまったらしい。でも昨日、貴方から買ったのは覚えているでしょう?」。店員も「ハイ、でもレシートを」と続ける。「だから、レシートはない、でもこの店で買ったのは君もわかるだろ」「ハイ、でもレシートがないと…」とこんなやり取りを続け、S氏も呆れ果て「何度言えばいいんだ、もう、いい」と言い残すと、ゲージを置いたまま店を出ていってしまった。本部から戻った店長はレジ脇に置かれたゲージを見つけ、レジの担当者に事情を聞いた。顛末を知った店長はとりあえず、そのゲージの代金とS氏の子犬用のドックフードを持ってS氏の自宅に急いだ。

店長の懇切丁寧な対応とは裏腹の今日の対応に「買うときばかりか」と裏切られた思いのS氏の

怒りはおさまらない。そこにインターホンのチャイムが鳴った。誰かと思って出ると「すみません、Cペットショップの店長のTです。新人のレジ担当者が大変な不行き届きをいたしまして、ご迷惑をおけしました。お詫びにあがりました」と声がする。「何だ、君のところは、ひどいじゃないか、もういい」とS氏は言い放った。T店長は「私の落ち度ですから、それは、それで仕方ありません。でも、ご返金だけは受け取っていただきたいのです。お願いします」という。脇で聞いていた妻の「開けてあげないさいよ」と言う言葉に促され、ドアを開けた。T店長は返金代金と合わせ、裸のままのドックフードを差し出し、「先ずはお詫びが先と考え、参りました、包装もしないままでお持ちしましたが子犬用のドックフードです。お詫びのつもりです。お受け取りください」という。この対応に、S氏は少しばかり感激の面持ちで「いや、レシートをなくした僕にも責任はある。ドックフードはいいよ」というとT店長は「気持ちですから」と置いて帰っていった。その後、S氏夫妻はT店長のファン客になったことは想像に難くない。

クレーム客がファン客に変わるとき

クレーム客はその店に対して強い関心を持っていると考えてよい。本当に無関心なら何もせず店から立ち去るだけの話だ。そうした客だけに対応の如何によっては「ファン客」になってくれるケースも少なくない。

クレーム客への対応の基本は「誠実」に「具体的」かつ「迅速」にそして「徹底的」な対応が必要であり、「迎合的」でなく「おそれず」積極的に応対すること。そして、最初が最も肝心ということになる。ほとんどの顧客は自分が買った販売員に対してクレームをぶちまけてくる。その段階で話がこじれるケースが圧倒的に多い。クレームがこじれてしまったら、相手は感情的な言動へと変化し、やがて、カスハラのような最悪の事態を引き起こすこともある。こうなると、店側も顧客側ももっとも望まない結末を迎えることになる。

企業や店側は従業員がクレームに対するプライオリティーを明確に把握しておく必要がある。クレーム対応で最も優先しなければならないのは『クレームを徹底的に聞く姿勢』である。とにかく怒りがおさまり、クレームの問題の本質が見えてくるまで誠実な態度で話を聞き、間違っても途中で顧客の話を遮ってはならない。言いたいだけ言ってもらった後に、こちらが初めて具体的な対策についてお客に相談する態度で話しかけるのが効果的だ。

クレームはお客の立場にたって解決の方法を見出すことを基本にすべきだ。このことを従業員に徹底しておくことが必要であり、マニュアル通りの画一的な対応では決して解決に至らない。しかし、誠実かつ具体的で迅速に顧客の想像以上の対応で行うことができれば、相手の感情に変化が起こる。「怒り」がおさまり、小さな「感動」が生まれる。この瞬間、クレーム客はファン客へと変化する。見方を変えれば、これほど効率のよい販促方法はないのではないか。

第4章　カスハラ対策のここがおかしい！

1　すべてのお客様を悪者にしていないか？

客を見たらカスハラと思えの風潮

本書は従来のカスハラ対策マニュアルに異を唱える目的でまとめたものだ。私は長年、多くの企業コンサルティングや研修・講習に携わってきたなかで、顧客志向のあり方や中小企業が生涯顧客化を目指すための考え方を伝えてきたつもりだ。

その中で常に経営者や幹部の方々にもっとも大切なこととして伝えてきたことがある。それは「企業は顧客がいないと成り立たない」ということである。

すでに第3章の中でもそのことは伝えているが、従来であれば、そんなことは当たり前のこと。あえてこの場で強調することでもない。しかし、昨今のカスハラに関するニュースなどを見ていると「ちょっと待て」と思わずにいられない。それは、「すべてのお客様を悪者にしていないか？」という疑念を抱いてしまうからだ。

今まで『神様』と敬われていた顧客が一転して悪者に転化していくのはなぜか？　もちろん、すでに述べたように、社会の変化にあわせ顧客の行動も大きく変わっていることも大きい。過激な言動を繰り返し、企業側もその対応に苦慮し、対策を講じなければならない事例が増えていることもよく理解している。

しかし、だからとっていきなりすべて顧客が悪いというのも乱暴な話だ。もともと企業と顧客の関係は対等であるべきである。それがモノ不足とモノ余りの時代を経て、そのバランスも過去から現代へと大きく変容してきた。本来、そのバランスをとりながら顧客と関係性を構築していく必要があるのだが、どうも耳に入るカスハラ対策はそうなっていないようだ。極端なカスハラ事例をとりあげて、いかにもすべての顧客がそのような言動に走る可能性があると警鐘を鳴らしているように見える。

このままでは対策マニュアルだけが先走り、今までの柔軟な顧客対応は消え失せ、紋切型の対応のみが採用されていくのではないか。そして、「客を見たらカスハラと思え」という風潮が蔓延していくのではないか。

カスハラ問題への動きが極端すぎないか

日本は圧倒的な人手不足の時代に突入している。慢性的な人手不足の中で行政も企業も社員の離職につながる阻害要因をつぶしておかなくてはならない。職場のハラスメント問題への対策はある程度進み、次に槍玉にあがったのは顧客の言動に起因するカスハラである。

このような傾向に対してマスコミの論調も一方に偏りやすい。カスハラにおいても飲食店や役所の窓口での顧客の酷い言動の報道を繰り返す。現場を知らない人からすれば、いまや日本中のあちこちの飲食店で、異常な顧客が無理難題を叫び、店員を困らせていると思い込んでしまう。まるで、店員など企業の社員を顧客がイジメているという構図だ。

もちろん、カスハラは実際に起こっている。その対策も講じなければならない。しかし、その動きが極端すぎるのである。いうならば、世間の空気だけで動いているように見える。実はこの空気の存在は大きい。とくに日本は同様圧力という名の空気で人々が動きやすい。

未来に向けた顧客志向の戦略を考えよう

異常な顧客は確かにいる。自らのストレス発散のために企業や店を困らせようとしたり、悪質なクレームで脅迫的行為を行い、利得を獲得しようと企む人たちは存在するし、その対処に頭を悩ませることは事実である。しかし、すべての顧客がそうであるはずはない。そして、企業は顧客がいなければ成立しない。ならば、異常な顧客に目を向ける以上に優良顧客に目を向け、その裾野の拡大に力を入れるほうがよほど建設的だと思うのである。

「顧客志向」と「カスハラ」という相反する2つの要素は、実は表裏一体の関係にある。だからこそ、すべての顧客を悪者にするのではなく、より現代の顧客の性質を理解し、未来に向けた顧客志向の戦略を考えるほうがよほど企業にとって重要なテーマではないだろうか。

2　1人の異常な顧客のために？

ある店長研修での出来事

私が店長研修の講師をした際の経験を紹介したい。ある婦人服のチェーン店の顧客サービスの話をしたことがあった。その店は購入後、3日以内ならば返品を自由に受けつけていた。ただし、条件がいくつかあり、それがレジの横に掲示されていた。

1つは「キズやシミがあった場合」。

2つめは「他店より値段が高かった場合」。この場合、差額の返金でも全額返金でも受けつけるということだった。

そして最後に「どうしてもお客様がお気に召さなかった場合」。

私はこの最後に書かれていた「どうしてもお客様がお気に召さなかった場合」という条件が重要だと感じた。これを見て顧客はどう感じるか？　安心して買い物ができるのではないか？この『安心』が大切だと思う。

顧客が店に対して安心してもらえれば、今回限りでなく、これからも末永く付き合いができるだろう。人と人との付き合いもそういうもの。凄くいい事例だと思い、研修の場で目の前に並ぶ多くの店長に紹介した。

するとと、ある女性店長が凄い剣幕で私に異論をぶつけてきた。

「コンサルタントは現場を知らないからそんなことを平気でいえる。そんなサービスをやってみたらどうなるかわかりますか？　例えば、金曜日に購入した服をデートのために土日に着て出掛け、月曜日にタグを見分けつかないように戻して返品してくる。私たちはプロだから、一度着た服は見ればわかる。冗談じゃない。そんなことで返金なんてさせられますか！」

顧客が悪意をもって返品することはほとんどない

彼女が憤るのもよくわかる。確かにそんな顧客がいるかもしれない。しかし、私は彼女にこう返した。

「おたくの店は顧客管理はしているよね？　当然、店長ならばおおよその顧客数を把握していると思う。何人いる？」

すると彼女は「1000人ほど」と答えた。続けて私はこんな質問をした。

「その1000人の中で、そんな返品をしそうな顧客はどれくらいいる？」

彼女の答えは「1人くらい」だった。私は彼女にこうアドバイスした。

「1人の顧客のために、999人の顧客によりよいサービスを提供しようと考えないのかい。

試しにおたくの店でこのサービスやってみな。そして、そんな理由で返品に来たら、渋々対応するんじゃなく『本当に申し訳ありません。私たちがお気に召さないものを売りつけてしまったと思います』と誠心誠意頭を下げてみて」

後日、この女性店長から手紙をもらった。そこには感謝の言葉が並んでいた。彼女の店でもこのサービスを導入してみて、アドバイス通りやってみたところ、彼女が当初思っていたような「顧客が悪意をもって返品を求めてくる」ことはほとんどなかったという。

人はマイナスイメージを極大化してインプットしてしまう

ほとんど起こりえないことでも、たまたま一度だけ遭遇するとその人に強烈な印象を残す。それがマイナスの印象であれば、その記憶は残り続ける。不思議なものでマイナスの感情は１０００回に一度しか起こりえないことでも、それがさも毎回起こるように思えてくる。

逆にプラスのことはあまり印象に残らない。店で1万円を落としたことは延々と記憶に残り、店の抽選くじで1万円相当の商品を当てたことはあまり印象に残らない。人間はマイナスのイメージを極大化してインプットしてしまうものである。

この女性店長も、そのような悪意ある顧客の対応で嫌な思いをした経験がずっと残っていたのだろう。

しかし、考えてみてほしい。1000人のうち、おかしな行動をする顧客の割合はおおよそ1人くらいの割合。これはどの業種業態も実はあまり変わらない確率なのではないだろうか?もちろん、その1人の異常行動が大きな問題を引き起こすわけであるから対策は必要。しかし、残りの999人の顧客へ悪影響をおよぼす対策は本末転倒ではないか。私が第1章や第3章で「1000人のうちの1人の割合」と例を出して述べているのはこの経験からである。もちろん、正確な統計ではない。しかし、カスハラを大局的に捉えるには現実的な数字ではないかと考えている。

3 カスハラの3つのパターン

カスハラの3つの分類

カスハラを考えるとき、現場で起こりえるパターンは大別すると3つある(図表8)。

1つは、明らかに悪意をもった「確信犯型」だ。これは店でも通販でも最初から企業側を困らせる目的で行為に走る。

例えば、タクシーに乗車し、散々目的地の変更を指示しながら到着すると料金が高いと騒ぎ、脅迫・暴行の類の行動を起こす。これは明らかに確信犯で相手を困らせるためにやっているこ

【図表８　カスハラの分類】

確信犯型	最初から企業や店、店員や係員を困らせることを目的としている。異常に強い自尊心を持ち、「ヒトを馬鹿にしているのか」「俺を誰だと思ってるんだ」などと大声を出すなどの行為に及ぶ
利得型	過去にクレームを行った際になんらかの物理的・金銭的に得をした経験を持つ者がそれを目的に執拗に要求を繰り返す。要求に妥当性はないため、企業側が明確なルールを提示し、拒否を続けることが大切。
エスカレート型	当初はクレーム対応として顧客と店員・係員が対応していくが、やがて顧客側の怒りが増幅し、カスハラに至るパターン。この場合、確信犯型や利得型とは異なり、過程の対応により一般的なクレーム対応に着地させることができるため、企業側はこのケースをいかにカスハラに発展させないかが重要になる。

とだとわかるだろう。自身の行動と要求度合いがまったく整合性がない。このパターンに遭遇すれば、当然すぐさま警察を呼んだり、然るべき対応を迅速に行えばよい。

２つめは「利得型」。過去にクレームをつけたことでなんらか得をした経験をもち、意図的に執拗な言動を繰り返す。「確信犯型」とは異なり、正当にクレームを行っているように見えるが、要求の合理性が見いだせないケースが多い。

例えば、１０００円の商品へのクレームに対し、１万円の弁償を要求するなどがあたる。企業としてはこのような顧客に対してはルール化をして、明確に拒否するように対応することが求められる。

そして３つめが「エスカレート型」だ。最

初は、おかしい・納得いかないなど通常のクレームとして進行するが、店員や係員のやり取りが進む中でしだいに激昂し、怒りが増幅してくるケース。段々と言動がエスカレートし、結果としてカスハラに至ってしまう。

例えば、レストランでカレーライスをタブレットで2個注文し、それが出された際に「俺は1個しか頼んでいないけど」と顧客は反論。店員はレシートを見せ、「2個頼んでいますけど」と応対する。おそらく客がタブレット操作に慣れておらず個数を間違って入力したのだろう。

しかし、店側としてもレシートにそのように出力されているため「そうですか」と訂正するわけにはいかない。結果、押し問答が繰り返され、客の怒りがエスカレートし、「店長を出せ！」「無礼だ、土下座しろ！」というような発言まで飛び出す事態に発生することになる。

松屋フーズのカスハラ方針

２０２４年9月、牛丼チェーンの松屋フーズがカスハラに対する方針を発表した。そこには次のように示されている。

【松屋フーズのカスハラに対する方針】

「お客様等からのクレーム・言動のうち、当該クレーム・言動の要求の内容の妥当性に照らして、当該要求を実現するための手段・態様が社会通念上不相当なものであって、当該手段・態様により、労働者の就業環境、または他のお客様がお食事する環境を害するもの」

この方針の中で難しいのが「妥当性」の部分。第1章でも述べたようにカスハラなのか、クレームなのか対応する当事者も判断つかないケースが多くを占める。社内の規定通り対応を進めていたら客の怒りが頂点に達し、カスハラに至るという「エスカレート型」こそ、企業の対応が問われるところであろう。

エスカレート型のカスハラ対策を重視

現場で顧客と対応する場面では、クレームとカスハラの間には判別が難しいグレーゾーンが数多く存在する。多くのカスハラ対策マニュアルで紹介されている対応事例の多くは「確信犯型」や「利得型」である。すでに述べたように、これは一目瞭然であり、迅速な対応がしやすい。

しかし、顧客の言い分が正当なクレームなのか、カスハラに類するものなのか判別がつきにくいケースは少なくない。このグレーゾーンからカスハラにエスカレートするパターンはその過程で客と店員や係員が押し問答を繰り返す。

そのため、企業側は先の松屋フードのように「妥当性」を判別した対応を行う基準を明示するのだが、この対応は現場の店員や係員が行うわけだ。対応如何で正当なクレームに落ち着くこともあれば、客がますます激昂し、カスハラにまで至るケースもある。

この「エスカレート型」のカスハラの対策こそ、企業がもっとも重視しなければならないし、企業の顧客対応力の真価の見せどころだと私は考えている。業種・業態により多様なケースが考えられるし、それに応じ顧客の感情を高ぶらせない冷静な対処が必要となるだろう。

だからこそ、次項で述べる従来の対策とは一線を画して考えていかなければならない。

4　従来のハラスメント対策と同列に考えるのはNG

カスハラ対策で重要なポイントは3つ

行政も自治体もカスハラ対策に積極的に動き出している。第1章でも紹介した、厚生労働省「カスタマーハラスメント対策企業マニュアル」などでもカスハラが抵触する法律も明示されている。カスハラに類する行為も類型別にまとめられており、これらを参考に、業界別に対策を講じていくことだろう。おそらく従来のハラスメント研修や講習の延長線上で企業が採り入れていくと思われる。しかし、このような取り組みはうまくいかないと断言したい。

まず、私自身の経験からすると、従来の職場におけるハラスメント問題とカスハラ問題は似て非なるものであり、その違いは明白であると考えている。職場のハラスメントは会社内部に限定された事象であり、多くは人間関係により派生しており、利害が一致した人間が集まる社内での事象について言及することになる。

一方、カスハラは外部の顧客との関係性が焦点となる。企業と顧客は厳密にいえば、利害が相反する関係である。商売でいえば、企業は高く売りたいが、顧客は安く買いたい。この利害が相反する両者における事象を焦点にする際に、従来のハラスメント対策の延長線上と考えることはNGといえよう。

先にも述べているように、顧客と揉めることは日々発生する。クレームなのか、カスハラなのかの判別が難しい状況も多々発生する。画一的な知識学習だけでは対応は難しい。

では、どうするのか？　カスハラ対策で最も重要なのは次のポイントである。

【カスハラ対策で重要なポイント】

●多様な場面を想定できるケースメソッドを用意する
●徹底的にロールプレイングを行う

●ロールプレイングを行う場合は1人で対処する場合、2～3人で対処する場合などバリエーションを用意して行う

社内のハラスメント研修は、基本的に座学による知識の詰め込み教育に近い。ハラスメントがどのような事象を引き起こし、どのような法律に抵触するかを学ぶことになる。多くの場合、ここに弁護士やコンサルタントが登壇して行うケースが多い。長年、ハラスメント研修に携わった経験から言わせれば、このような研修の効果はほぼない。その理由は加害者が恐怖を感じないからだ。

ハラスメントを行う人間は、それが悪いことであることは認識している。それでも止められないからハラスメントが後を絶たないのだ。通り一辺倒の知識を伝えたところで、当事者たちには馬耳東風。学校のいじめと同様で意にも介さない。

このような研修で何が欠けているかといえば、前出の恐怖を植えつけることができていないからだ。わかりやすくいうと、「ハラスメントを行うと自分自身がどう処罰され、社会的にどのような制裁を受けるのか」という自身のリスクを臨場感をもって伝えることがもっとも効果的である。

当事者は「これをやればどうなる?」という想像力が欠如しているからハラスメントをやめ

ないし、新たなハラスメントも発生する。職場でのハラスメントで大切なことはリスクを恐怖として植えつけることなのである。

カスハラ研修のポイント

一方、カスハラ研修を行う際に参考になるのは、誤解を恐れず例えると軍隊の教育だと私は考えている。軍隊の教育というと眉をひそめる方もいるかと思うが、想定するシチュエーションを考えるととても参考になる。

例えば、ポイントにあげた「多様な場面を想定できるケースメソッドを用意する」と「徹底的にロールプレイングを行う」は、あらゆる現場で冷静に対応するために必要不可欠な実地訓練である。

現場は想定外の出来事が起きる。そもそも、カスハラ自体が日常の店舗などでは想定外の出来事である。このような事態が発生しても、まずは店員や係員が冷静に対処できるようにならなければならない。ここで顧客の言動に慌てふためくと、ますます相手は増長し、言動がエスカレートしかねない。だからこそ、数多くの場面を想定し、徹底的にロールプレイングを行い、冷静に行動できるスキルが大切になる。

そして、「ロールプレイングを行う場合は１人で対処する場合、２～３人で対処する場合などバリエーションを用意して行う」も非常に重要な要素である。

カスハラ対策で重要なのは、チームで対応できる体制を整備しておくことだ（次項で詳述）。例えば、顧客に対し、孤立無援で1人で対応する場合と2〜3人で対応するのとでは、店員や係員の心理的な状況がどれくらい変化するのかを検証することができる。それぞれ、対応パターンを変えながら、お互いに意見を交わしながら、自社に最適なチーム編成で対処する術を講じていく流れをつくりだすことができるだろう。

カスハラ対策のキモ

カスハラ対策のキモは「顧客と対峙する」という視点だ。いくら知識を詰め込んでも、現場で冷静な対応ができなければ事態は悪化するだけだし、思いもよらない方向へ進んでしまうこともある。有名なドラマの台詞ではないが「事件は現場で起きている」のである。

研修やセミナーの場で弁護士やコンサルタントが「最後には出るとこ出ましょう、と毅然とした対応で」なんて知識で教えても実際の現場に立てば想定外のことがいくつも起きて冷静な対応ができないもの。それでは、いくら研修を積み重ねても現場の店員や係員の負荷は軽減しないし、問題が発生しても効率的に解決に至らない。

最初から悪意をもった顧客もいれば、最初は普通に会話できていたが、途中で激昂してしまう顧客もいる。そして、それぞれ対応の仕方も異なる。知識だけで済む問題ではないところがカスハラ対策の難しい点であり、従来のハラスメント対策と同列と考えて研修やセミナーなどを設定するのは避けたい。

5　カスハラ対策の最重要ポイントは『チーム体制』の構築

1人で対応しない

カスハラ対策において企業が準備しておかなければならないポイントは、第5章で詳しく述べていきたい。ここでは、その中で私が昨今の仕事における「現場」を見てきた経験から、もっとも重要だと思えるポイントをお伝えしたい。それは『チーム体制』の構築だ。

本章の「従来のハラスメント対策と同列に考えるのはNG」の項においても紹介しているが、カスハラ発生時において大切なのは『1人で対応しない』ということである。

だから、研修などの場でも1人で対応した場合と2～3人で対応した場合をシミュレーションさせる。その意味は1人で対応した際の心理状況を当事者に実感してもらうことにある。

先日、SNSにアップされた悪質なカスハラ行為の動画を見て考えさせられた。その動画は大手牛丼チェーン店らしきレジで店員に執拗に絡み続ける男性がその対応を撮影したものだった。前後関係が不明なため、どのような経緯でそのような事象が発生したかはわからない。どうやら男性がサービスについて大声で怒鳴り散らし、それを見かねた店員が「次回から入店拒否にする」と伝えたところ客の男性が逆上したようだった。

短い動画を見る限り、男性は悪意をもって店側を困らせる目的で動画を撮影しているようであり、店員も対応に苦慮していることがよくわかる。ただ、妙に感じたのは後ろの厨房のスタッフなどは、この行為の最中も何事もなかったように自分の作業を続けているのだ。一瞬、「ヤラセの動画なのかな?」と思ったが、次の瞬間、その理由が理解できた。対応していた店員が頃合いをはかり、胸もとから呼び出しボタンを押したのだ。そこから男性は「今後の対応は第三者が来るので」という台詞に変わる。おそらくボタンを押すことで警備員が駆けつける仕組みになっているのであろう。

この仕組みならば、レジの店員が1人で対応することも可能だろう。レジと客席側は仕切りがあり、暴力行為に及ぶ可能性も少ない。大勢で対応し、仕事が中断する心配もない。社内で緊急事態が発生したときのオペレーションをしっかり周知しているのだろう。

このような仕組みを採り入れていることに感心したが、逆に大手チェーンだから為せる仕組みともいえる。すべての企業や店でこのような仕組みをすべからく採用するのは難しい。

カスハラは相手の怒りがエスカレートし、最終的に店員や係員に恐怖を与えようとする。このような相手に対し、1人で対応しようとするから状況も悪化するし、店員や係員の心理的負担も重くなる。問題やトラブルが発生した際にはチームで対応する準備をしておくことがなによりも大切なことだ。

しかし、昨今の日本の「現場」を見ていると、どうもこのチームという概念が失われつつあるのではないかと危惧している。効率化の追及や人手不足の煽りをうけ、企業の現場はいかにオペレーションコストを抑えるかに腐心している。それは経営的にも間違ってはいないだろう。

しかし、1人ですべて完結する仕事ならばいざ知らず、多くの仕事は誰かと誰かが互いに関係しあって成立していることは間違いない。その中で同じ現場で業務に就く者たちが、信頼関係を構築し、チームで仕事ができれば、心理的安全性は高まる。離職率に悩む企業も足もとを見れば、この心理的安全性という視点を見失っているケースも多い。これは現場を見てまわればよくわかる。

リーダーを中心としたチームワーク

私の好きな映画の1つに「ブラックホーク・ダウン」がある。1993年にソマリアで実際に起きたモガディッシュの戦闘を描いた作品だ。

米軍のブラックホークヘリが撃墜され、敵地のど真ん中に墜落する。そして、仲間がまだ生存していることを確認すると、その救出に向かう様が描かれている。その中で救出に向かう米兵が敵地で孤立無援の状態になっている仲間に「必ず助けにいく、諦めるな」と無線で伝える。アメリカの戦争映画によく見かけるパターンでもあるが、〈犠牲を覚悟しても困難に陥っている仲間を助ける〉という文化が根づいているからこそ、このような映画がウケるのだろう。

戦争映画の世界と現実の職場を同じ捉え方をしてはいけないが、私はカスハラ対策のキモはこの「チームワーク」や「他人をサポートする精神」にあると考えている。そこで求められるのが現場のリーダーの存在だ。経営者の役割は部下に権限を移譲し、責任をとることにある。

一方で現場のリーダーの役割は、そこで働く従業員やスタッフをフォローしたり、サポートすることにある。

先述したように、昨今の効率化と人手不足が蔓延する職場では、このリーダーを中心としたチームワークが欠如しているのではないかと感じている。カスハラがここまで社会問題として取り上げられる背景には、チームワークなき現場で対応する店員や係員の孤立があるようにも見えるのだ。

顧客志向の視点と同様にカスハラ対策を講じる際に、ぜひ職場で改めて考えてほしいのは、このチームの存在である。カスハラ対策に真摯に向き合うことで、信頼で結ばれた強靭なチームを構築できるのではないかと思う。そして、そのような企業こそがこれからの時代、大きく飛躍すると確信している。

6　1社で無理なら共同体でルールづくり

地域や横の関係でカスハラ対策を

ハラスメント研修と同様にカスハラ対策の取り組みも小規模企業だとなかなか進まないことが多い。取り組みが進まない要因として、小規模企業は社員の時間的な余裕がとれないこともそうだが、例えば店舗などの場合、個店または数店舗規模であれば、まだまだカスハラの発生も経験しておらず、対策への切迫感も乏しいところも多いだろう。

しかし、カスハラはいつ発生するかわからない。従来の顧客対応と並行して一部の悪意ある顧客への対応も準備しておかなければならない。ひとたびカスハラが発生すると、その事後対応に予想以上に時間をとられ、小規模企業ほど経営に与える影響は大きくなる。とはいえ、自社だけで何をすればよいかいまだわからないという企業も多いだろう。その場合、地域や横の関係でカスハラへ対する準備を進めるのも効果的な手法だ。

店舗などの場合、地域で商売していることになる。その地域で出店し、近隣にはさまざまな店舗が軒を並べているだろう。商店街などは組合があるところも多い。そういう地域で共同体をつくり、顧客への啓発を目的に統一したルールづくりを行うことも考えられる。

商店街にある店舗がすべて同様の啓発ポスターを店内に貼付する。商店街全体でルールの逸脱するカスハラ客をけん制する。なかには大手チェーン店なども商店街内に出店しているが、当然、そのような店舗にもカスハラ防止のルールづくりに参画してもらう。

同じように業界内の横のつながりでルールづくりを行い、外部に発信していくのもよいだろう。これはとくにB2Bの法人取引などで効果的ではないだろうか。1社だけでなく、近隣店舗や他社も同じようなルールに参画していることを伝えるのが重要だ。

この手法は同調圧力が強い日本の風土にマッチしたカスハラ対策になりえると私は確信している。ある商店街でどの店舗も同じようなカスハラ防止ポスターを貼っていたらどう感じるだろうか。

そこにはカスハラ行為が具体的に示され、そのような行為におよんだ場合は警察を呼ぶことも記載している。そんなポスターがどの店にも貼られていて、どこに行っても目に入れば、顧客の心理にも影響を与えるはずだ。

いざ、問題行為を起こした場合は1つの店舗だけでなく商店街全体を敵に回す恐れもある。それは言動の抑止力にもつながるはずだ。これが1つの店舗だけであれば、抑止効果も薄れる。「この店だけのこと」として扱われてしまうからだ。

また、そこに集まる客が客を教育する副次的効果も生まれてくる。飲食店では常連が他の客の言動に注意を促すことがある。これは、ルールに則り、その店で楽しむことを同意した人たちが誰に言われるまでもなく自主的に行動している証である。

店はルールを明示し、客はそのルールに従い楽しむ。そのルールを破ろうとするものがいれば、客は自分たちの憩いの場を壊されたという心理になり、ルールに従うよう注意を促し、店舗側を側面から支援してくれる。地域や業界でルールづくりを進めることは、そのような環境を生みだす第一歩になるのではないか。

コロナ禍のマスク着用を思い出してもらいたい。電車やバスでは誰もがマスクを当たり前のように着用していただろう。マスク着用の奨励をポスターなどで発信はしていたが、特に強制されていたわけではない。

つまり、日本のような同調圧力の強い国では「皆がそうしている」という姿を見せることがなによりの効果になる。同調圧力については善い面と悪い面があるが、ここは善い面を最大限に生かしたい。

商店街など地域で作成するカスハラ防止ポスター例

商店街などの地域で作成するポスターの例を掲載したので参考にしてもらいたい（図表9・

【図表9　商店街など地域共同体で作成するカスハラ防止ポスター例①】

【図表10　商店街など地域共同体で作成するカスハラ防止ポスター例②】

図表10)。このような取り組みはいまのところ各商店街などで積極的に進んでいる話はあまり聞いていない。

このような動きが活発化すれば、各地域の店舗が安心して日々の経営にまい進できるだけでなく、各地にある商店街が新たな活力を見出すよいキッカケになるのでは、と期待している。

7 「お客」と「非客」を分けるルール策定

カスハラ問題と経営姿勢

繰り返しになるが、どんなビジネスも「客」なしには成立しない。しかし、消費者にとって利便性の高い豊かな生活はネット通販を含め、商品提供者であるお店、すなわち「販売者」なしには成立しない。だから、どう考えても客と店は「持ちつ持たれつ」の関係としかいいようがない。そして、客は店を自らの「好みで選ぶ」というのは至極当たり前の話。だとすれば、「店がお客を選ぶ」ということは決して理不尽とはいえまい。

カスハラの問題は「誰もがお客だ。買ってくれさえすれば誰でもなんでもよい」という『無定見な経営姿勢』が、お客に非ずという「非客」、すなわち「カスハラ客」を引き寄せているともいえるだろう。

ただし、非客と合理性のある「クレーム客」はまったくの別物だ。クレームは「事故」であり、「思い違い」でもある。クレームに際しては顧客の言い分に真摯に耳を傾け、対応をはかり、事故以前の状況に引き戻すことで互いが納得でき、さらなる信頼関係を構築できるケースがほとんどである。

カスハラが起きる店・起きない店

店格という言葉を使うことがある。優れたブランドを扱う店は客を選ぶ。そして、顧客は「選ばれた客」として自らのステータスを高め、それを他者に表現する。そこに「憧れ」という得難い付加価値が生まれ、強固な顧客ロイヤリティーが生まれる。言葉を変えれば「店は客と共につくられる」ということになろう。このような店にはカスハラは起きえない。

しかし、無定見な顧客が増えれば、玉石混交し、やがてカスハラ問題が頻繁に発生する。店は荒み、スタッフは意欲低下の末に辞めていくことになる。現代の企業や店に求められるのは、自社のルールを明確にし、「お客」と「非客」を選別することではないか。例えば、「私たちはお客様と人間同士として平等であり、良好なコミュニケーションを築くことで、お客様のお役に立ちたい」という理念を表明する。そのうえで「自社・自店のルールづくり」を進め、「お客」と「非客」を明確化してみてはどうだろうか。

店格は客と共につくられる。そのことを忘れないでほしい。

8　カスハラが起こらない優良顧客づくりへ

カスハラが起こらない優良顧客づくりとは

家族や地域のコミュニティーが退廃していく現代において、同じブランドを購入したり、おなじ店を利用する仲間意識の存在は大きい。この仲間の共同体を第3章においても新たなトライバリズムにもとづくコミュニティーとして紹介した。この新たなコミュニティーの誕生こそ、これからの企業の新たな収益源となるし、逆にカスハラを引き起こす存在にもなりえる。

企業がカスハラ対策に真摯に取り組むことは、これから必須であり、ここをおざなりにすれば顧客から見放され、従業員も離れていくだろう。これは従来のハラスメント対策と同様。社会的な信頼を失墜させることにもなり得るからだ。カスハラ対策をしっかりと取り組み、多様な顧客への対応力を身につけられる企業こそが、これからの時代を勝ち抜くことができると私は実感する。

このカスハラ対策への取り組みを逆説的に考えてみれば、「カスハラを引き起こさない優良顧客づくり」にたどり着く。どういうことか？　カスハラが起こりやすい環境では顧客と企業の関係が対等になっていないケースが多い。顧客が圧倒的に立場が上で、企業が下に見られている。売らんがための「お客様は神様」という偽りの顧客志向がすり込まれた企業にとってこの関係性に違和感を抱くことはない。

しかし、一方では顧客との対等の関係性を築き、ブランドに共感してもらい、カスハラが起こりにくい環境をつくりだしている企業も存在する。

これからの企業が考えなくてはならないのは、「売れるものを売る」という発想ではなく「売りたいものを売りたい人に売る」という哲学ではないだろうか。少子高齢化で市場が縮小し、顧客争奪戦を繰り広げてきた企業にとって〈買ってくれればなんでもいい〉という時代が長く続いた。しかし、そのような思想も哲学もない商売は当然ながら玉石混交を招くリスクもある。

私は「1／10000マーケティング理論」を提唱している（詳しくは「ローカル・中小が日本全国に顧客を作る　1/10000マーケティング」同文館出版刊を参考）。地域商圏が縮小するなかで、中小企業がいかに生き残るか。そこには発想の転換が必要だ。多くの人に、誰でもというコモディティー化したものを売っていてはローカル企業や中小企業は大企業に太刀打ちできない。ならば、自分たちだけの強みを最大限に生かした商売へ舵を切るべきだ。

例えば、地方の中小企業でもネットなどを活用すれば、東京を中心とした首都圏向けに商圏を広げることができる時代だ。1400万人の人口を抱える東京で1／10000の顧客をしっかり獲得することができれば、商売としては十分成立する。1人が年間1万円を使ってくれたら、年間売上は1400万円だ。

第3章のアメリカ人のハンバーガーの例を思いだしてもらいたい。生涯で1万個のハンバーガーを購入してくれる1人を何人集められるか。それを実現するためには、自社の哲学や思想を顧客に伝えて共感してもらう「売りたいものを売りたい人に売る」という発想へ転換が必要だ。そこに共感してくれた顧客が新しいコミュニティーを形成し、最大の応援団になってくれる。

中小企業こそ優良顧客の獲得に向け、多様な手法を試みることができる時代でもある。その強力な武器となるのはＤＸ（デジタルトランスフォーメーション）だ。先述したように、地方にいようが都会にいようが、現代はあらゆる手段で顧客を獲得できる。

例えば、小規模店舗であってもアマゾンやショッピファイなどのＥＣサイトを活用すれば、日本全国の顧客開拓も容易に可能だ。従来は商圏が限られていた業種・業態であっても、距離の壁を超えた商売を展開することもできる。

店舗への集客も位置情報を使い、ターゲットを絞り込み広告を配信するエリアマーケティングも効果的だ。来店見込みの高いターゲットにピンポイントで販促できる手法が今は確立されている。その特性を最大限に生かすことができるのは、小回りの利く中小企業ともいえるだろう。

優良顧客をつくりだしていく取り組みこそ、実は効果的なカスハラ対策につながるのだ。だからこそ、カスハラ対策をネガティブに捉えず、未来へ向けた新しい顧客志向を生みだす取り組みの一環として取り組んでもらいたい。

第5章　覚えておくべき！　カスハラ対策6か条

第1条：カスハラに至らない対応力を鍛えるべし！

お客をカスハラ客にしてしまうことを避ける

第4章でカスハラの3つのパターンを紹介したが、この中の「確信犯型」「利得型」は企業や店にとって『客』ではない。このタイプの顧客はもともと、サービスや商品を納得して購入することを目的としていない。店員を困らせたり、常識からかけ離れた金銭を要求することが目的なのだから企業や店側の対応も明確である。

とはいえ、このような顧客がどれくらいの割合でいるのかといえば、これもすでに述べてきたように1000人に1人にいるかどうかであると私は考えている。それ以上に、企業や店側が考えなければならないのは『カスハラにならない客をカスハラ客にしてしまう』という点にある。

こんな例を紹介したい。

「ある空港の店舗で急いでいる客がいる。おそらく出張のビジネスマン。いつも購入している土産を購入しようとしたが、店頭にない。時間がないのか急いで店員に確認する。店頭にない在庫は裏の倉庫に保管されている可能性がある。店員は倉庫に確認するために「しばらくお待ちください」と伝え、１～２分後に商品を持って客の前にあらわれる」とくに問題ある接客と感じないだろう。店頭に商品がないから探しにいくのは仕方ない。しかし、顧客への一言を次のように言い換えてみるとどう感じるだろう。

「ただいま急いで探して参ります」

倉庫から商品を探してくるのにかかった所要時間は１～２分。顧客としては時間はなにも変わらない。しかし、店員の対応に対する感情はずいぶんと異なったものになる。前者の「しばらくお待ちください」という言葉は平時に使うものである。ゆっくりと土産を選んでいる顧客に対してであれば問題は起こらない。

しかし、１分１秒を惜しんで急いでいる顧客の中にはカチンとくる場合もあるだろう。後者の「ただいま急いで探して参ります」という言葉には店員側も急いで対応してくれているという誠意が感じる。

ここが重要なのだ。顧客は自分が急いでいることを理解してもらいたい。それを理解してくれて急いで探しにいってもらった店員の対応が嬉しい。たとえ、商品が在庫切れであってもあまり気にも留めない。商品が品切れで入手できないという事実は変わらないのに顧客の抱くイメージはまったく異なる。それだけでなく、自分の状況に理解し、行動してくれたことに感謝すらしてくれる。接客の言葉１つで顧客の感情のバロメーターは大きく変化する。

顧客にも個性がある

大切なのはカスハラ客への対応以上に、カスハラに至らない対応力を企業や店は鍛えておくべきなのである。その際に大切な考え方は「顧客にも個性がある」ということを接客する側が頭に叩きこんでおくことだ。

顧客はすべて同じ扱いはできない。先の例のように、急いでいる客もいれば、ゆっくりショッピングを楽しんでいる客もいる。何か探している客もいれば、とくに目的もなくいろいろ眺めている客もいる。それらの客に対して、まったく同じような接客をしてよいわけがない。顧客は企業や店側の対応に対して感情を左右させる。あるとき、客側がその接客に不満を感じ、クレームを通り越し、カスハラに発展するかもしれない。

かつてはモノが黙っても売れる時代があった。そのときの接客マニュアルはまさにどんな状況の顧客に対しても同じような接客対応が記されている。黙っても売れるのだから顧客をよく観察する必要もない。

しかし、現代は違う。企業や店側、そして店員も顧客をよく観察しておく必要がある。さらにいえば、現代は「顔を見ない時代」である。飲食店に入ってもタブレットで注文、レジも無人で対応しているケースも多く見かける。ネット通販が拡大し、クリック1つでモノは買えるし、届く。店員が客を見ることがあまりない時代でもあるが、すべての現場で顔を見なくて済むというわけにはいかない。

やはり、顧客の状況に応じた柔軟な接客ができる企業や店はカスハラが起きにくい。接客の言葉1つも顧客の状況に応じ、組立を考えておかなければいけない時代なのである。

第2条：1人で対応させないこと！

１人で対峙する店員のサポートをする仕組みづくり

カスハラ客に対応する店員の精神はすり減っていくことは間違いない。嫌がらせを目的に難癖をつけてくるわけだから当然である。しかし、それ以上に企業や店側は考えてほしい。なぜ、顧客と押し問答を繰り返す店員を1人で対応させるのか。

「確信犯型」や「利得型」はもちろんのこと、「エスカレート型」の顧客まで店頭で店員が1人で対処しているケースをよく目にする。やり取りを進めるにつれ、顧客の感情は高まりながら、最後は爆発してしまう。その間、平身低頭で平謝りする店員もいれば、同じ台詞を機械のように繰り返す店員もいる。

いずれにせよ、時間が経てば経つほど顧客の怒りは頂点に向かう。このような1対1のやり取りは不毛でしかない。

現場におけるカスハラ対策で重要なのは顧客に対して「1人で対応しない」ことだ。とくに「エスカレート型」の場合、対峙する店員の対応に腹を立てている場合が多い。そのような状況で店員1人がどんなに頑張って対応しようが、顧客の溜飲は下がらない。

顧客と揉め始め、収拾がつかない状況に進行する段階で他の店員や主任、店長が間に割って入ることが必要だ。1対1から1対2～3という状況の中で顧客の昂る感情を抑え込むことこそ、カスハラ客へエスカレーションさせない効果的な対応である。

顧客と揉める状況が発生した際は、必ず対峙する店員のサポートに向かう。このときのポイントは、サポートに入った店員が顧客側の味方となり、話を再度聞いてあげることである。サポートに入った顧客まで最初に揉めていた店員と同じスタンスで対峙すると益々問題がこじれる。第三者の行司軍配役として話に割って入り、顧客の話に耳を傾ける。そして、問題を解決するための妥協案を提示していく。

そのような対処でもなお怒りのおさまらない顧客はカスハラ客へと移行するので、その対応はわかりきっている。最悪の事態に至らないよう、チームワークで顧客に対応する準備をしておくべきなのだ。

これは第4章でも説明している、研修などを実施する際に必ず1人で顧客と対応するパターン、2～3人で顧客で対応するパターンを経験しておくことが大切だ（図表11）。サポートに

【図表11　カスハラ対策研修は複数のパターンで行う】

1人で対応する場合も研修で採り入れる。精神的負担や心理状況を経験しておこう

1人の客に対し2人や3人で対応する準備をしておくこと。1人は客の話に耳を傾け解決案を提案する。役割を明確にして、チームで対応できる訓練が現場の非常時に役立つ

入る人間の役割（顧客の話を聞く、妥協案を提示するなど）を明確に定めておくようにしたい。

カスハラ客への対応を1人の店員で対応させないことの背景には組織内のチームワークの欠落が挙げられる。そもそも、店員が顧客との対応で困った状態に陥った際に矢面にたって対応しなければいけないのは店でいえば主任や店長である。

しかし、最近は責任者ほど現場にあらわれない。店員が絡まれ、客が「店長を出せ！」と大声で怒鳴っていても出てこない。いつからリーダーは表に出なくなったのか。

経営者は責任をとる立場であり、リーダーは従業員やスタッフの業務をサポートする立場である。店であれば店員が能力を発揮できる環境をつくりだすことがリーダーの努めであることを忘れてはならない。

顧客が「責任者を出せ！」と暴れまわっている現場でも、店長が対応を拒み、スタッフやアルバイトに、この難しい場面で右往左往させる。現場のリーダーは指示を出すだけの役割ではない。状況を打開するため、自らが矢面に立つことこそリーダーシップの本質である。しかし、多くの組織でリーダーシップの勘違いが横行している。それでいながら「カスハラは客のせい」になっている風潮が強い。行き過ぎた顧客は確かにいる。

私はすべてが客のせいとは思っていない。実は企業側のチーム体制の構築やリーダーシップ教育の不足が大きな要因をつくりだしていると感じている。

第3条：AARを習慣化させる！

AARの実施で実践的なカスハラ対策

本来、組織はお互いを支え合いながら売上拡大を目指し、カスハラなどの想定外の事態にも対処していくことが求められる。つまり、目標・目的を共有するチームであるべきなのだ。ところが、実はそうなっていないケースが多いことは前項でも述べた。

顧客対応１つとってみても、現場で日々起こった出来事を組織内で共有し、フィードバックを行うことがされていないと、いくら対策を打ち立てても非効率で時間とコストに無駄が生じる。少なくともカスハラ対策を推進する際には、この共有とフィードバックができる環境をつくるだすことである。そこで私は「ＡＡＲを習慣化させる」ことを提案したい。

ＡＡＲとはアフター・アクション・レビューの略称であり、行動内容の検証を行い改善につなげていく手法である。この手法は第２次世界大戦の際にアメリカ陸軍から生まれた。時間をかけて緻密な作戦計画を立てて行動した部隊と比べ、作戦計画は大まかに立てて行動し、日々レビューを行い、作戦の軌道修正を行っていた部隊のほうが生存率が高かったことから後世における検証手法として定着することになった。このＡＡＲはカスハラ対策においても効果的に活用できるのだ。

顧客とのやり取りにおいてトラブルが生じることは珍しくない。ただ、こんなケースもある。Aという店員と常連客はどうもウマが合わないのか、毎回小さなトラブルが起こる。しかし、Bという店員が対応すると不思議とトラブルらしいトラブルは起こらない。これは相性の問題でもあるし、人間同士だから仕方ない側面はある。現実と理想はやはり異なるわけだ。

このような日々の些細な気づきもフィードバックでき、改善につなげることができる場を組織として設けていくことが重要なのである。接客対応マニュアルはあくまでマニュアルであり、想定外への対応まで説明してくれていない。

カスハラ対策においてもいくらマニュアルを整備しても、判別が難しかったり、該当しない顧客があらわれ想定外の事態が発生する。いくらマニュアルを緻密につくりこんでも現場の経験を超えることはできない。

少なくともカスハラにまで発展するような事態が発生したら、当日もしくは翌日までにはAARを行い、組織内で意見を出しあい改善策を議論し合いたい。そして、改善点を反映した行動計画を作成し、次回の対応に生かしていくのだ。

肝心なのは、うまく対処できたときも同じようにAARを行うこと。うまくいったと思う中でも気づかないリスクは潜んでいる。

【図表12　AARの進め方】

①計画

従来の接客対応マニュアルを整理し、行動計画を策定する

②アクション

計画に基づき実際に接客対応を行う

③AARを開催

顧客とのトラブルが発生した際はAARを開催。主任や店長がファシリテーター役となり、現場の状況から店員や係員全員が客観的な意見を出し合う。

④改善

AARの結果、改善策をまとめ接客対応マニュアルへの更新を行い、周知を行う。

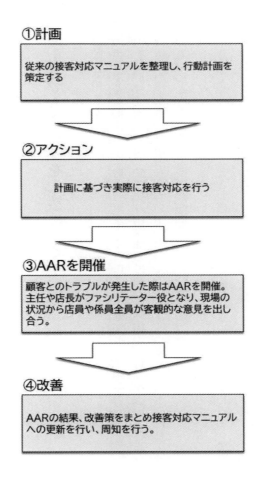

カスハラ問題は毎日のようには起こらない（毎日のように起こる企業や店はそもそも存続できない）。だからこそ、発生したときのＡＡＲの実施が、より実践的なカスハラ対策をつくりあげていくのだ。

第４条：抑止力でカスハラを未然に防ぐ！

抑止力を最大限に活用する

最近、政治の世界でも「抑止力」という言葉をよく耳にすることが多い。相手の行動を思いとどまらせる力と言い換えるとわかりやすい。国家間の外交では、相手に行動を思いとどまらせる最大の力は軍事力であり、経済力も要素の１つといえるだろう。つまり、相手の行動を抑制できるなにかを持つことで無用なトラブルを防ぐことができるわけだ。

カスハラ対策においても、この「抑止力」はおおいに利用するべきだと私は考えている。誰もカスハラ対応なんてやりたくない。できれば、発生してほしくない。こちらがそう願っていても、カスハラ客はそんなことはお構いなしにやってくるわけだ。未然に企業や店側が打てる手はないだろうか、と考えるといくつか対策として挙げることができる。

１つは地域や業界で仲間づくりを進めることだ。これは第４章の「１社で無理なら共同体でルールづくり」でも詳しく述べているが、日本人特有の同調圧力をうまく抑止力に活用する手法だ。店舗であれば地域の商店街振興組合などと共同で具体的なカスハラ防止を訴えていく活動を進めていくのもいい。

1店舗では大きな抑止力となりえないものも、地域ぐるみでカスハラに厳しい対応をしていく姿勢を見せることで顧客への啓発効果が見込めるケースも少なくない。各地域の商工会議所を巻き込んだ動きにしていくことも考えられる。

大切なのは、1社・1店舗だけで対策を実施するよりも、地域という広い範囲で同様の取り組みを進めることだ。地域全体でカスハラ対策に乗りだしていることを外に向けて発信を行うことが、抑止力として大きな効果を生みだすことにつながるのではないだろうか。

そして、もう1つは「第三者の目」の存在である。先日、タクシーの運転手と雑談をしている際にカスハラが話題となった。そのタクシー会社では以前ほど酷いカスハラ客は減ったという。その理由は防犯カメラの設置だという。カメラの存在に気づくと、顧客も冷静さをとり戻すことが多いらしい。普通の感覚を持った人はカメラで見られていると、なかなか暴挙にでられない。カメラが見ているという抑止力の効果は想像以上に大きいものである。

この防犯カメラ、監視カメラの設置というのは小規模事業者でも導入がしやすい対策の1つといえる。

店舗の場合、そのカメラの映像を主任や店長のような上席の人間が確認できるようにしておくのもよい。異変が起こればいつでも駆けつけることもできる。映像や音声は、カスハラ客とトラブルになった後の事後処理にもおおいに役立つ。警察や弁護士に証拠として提出すれば、企業や店側に落ち度がなかったことを証明することもできる。

このような防犯カメラも今では低コストで設置できる製品やサービスも増えているし、カメラを設置する店舗も広がっている。普通の顧客にとってカメラの存在が気になる風潮はあまりない。

店員や係員が安心・安全な環境で業務を行うことができるかという点でも「抑止力」は大きな存在となる。企業や店側における対策の重要なキーワードとして、ぜひ覚えておいてもらいたい。

第5条：法人営業も時代に合わせて変化を！

チーム営業を推進しよう

カスハラは一般消費者向けの問題として論じられることが多いが、いわゆるB2Bの法人営業の場で発生する行為も問題視されている。若い営業担当がクライアント企業の部長などに不当な要求を受ける場合などを想定しているケースが多いが、それらは「下請けいじめ」として法律が整備されており、該当する監督官庁へ通報するなど対処を行うことが望ましい。

しかし、一般的な値下げの交渉などは、通常の商行為として認められる範疇でもあるので、その見極めは必要だ。例えば、商談・交渉の場で暴言を吐かれたり、過度の要求（大量の商品サンプルを無償提供するなど）という事実が判明した際は企業側が毅然とした対応を行うことが求められる。

法人営業の場で考えておきたいのは、時代に合わせた営業手法を採り入れていくことである。今の時代、ひと昔前のような御用聞き営業の必要性は薄れてきている。提案力が勝負の時代に昔ながらの営業スタイルでは勝ち抜くことはできない。クライアントの不当な要求を許してしまう営業スタイルから決別する必要がある。だからこそ私はチーム営業の推進を提唱している。

扱う商品やサービスにより多様なチーム編成が想定されるが、例えば「営業担当・技術担当」などが２～３人でチームを組み、営業商談に同席する。商談は営業担当がリードするが、具体的な商品・サービスの説明は技術担当が行う。「人が足りない時代にそんな人数をかけられない……」と言われるかもしれないが、コロナ禍を経て日本でもオンラインのコミュニケーションがこれほど普及している現実がある。社内外の会議や打ち合わせが当たり前のように行われている時代に、営業商談だけ対面で実施しなければならない道理はないだろう。オンラインをどんどん活用すればよい。

オンラインでもチーム営業が基本だ。チーム営業の優位性はリスク管理の点もある。前述の不当な要求なども複数人で対応することで未然に防ぐことができる。オンラインであれば記録も容易に保存しやすい。第三者の目を気にする「抑止力」の効果をおおいに活用すべきだ。

逆に1対1の商談でないと受け付けないというようなクライアントがあるだろうか？　もしあるならば、そのようなクライアントと付き合い続けるかを真剣に考えたほうがよいという結論にならないか。

第6条：セカンドハラスメントを起こさせない！

「売らんがためのお客様は神様主義」からの脱却

多くのハラスメント関連の研修・講演を行っていると、どうしても許せないのがセカンドハラスメントの存在だ。カスハラにおいても、このセカンドハラスメントの問題は深刻だ。

「カスハラについて上司に相談したら無視された」「相談したら、『なんで、客と揉めるんだよ』と逆に責められた」などの声に耳を傾ければ傾けるほど、日本のリーダーシップを憂うばかりである。

このような対応をするのは「お客様は神様である」といまだ信じて止まない化石のような上司たちであろう。しかし、いまだこんな化石の上司たちがいかに多いことか。

日本企業の問題点は出世をすると現場から離れてしまう点にある。それはそれで当たり前のことであるが、現場における経験もろくになくとも出世してしまうからタチが悪い。

現場で起こったトラブルや問題の対処法などなにを教えられもせず、経験もせずに人の上に立ってしまう。

そして、現場のトラブルを厄介事として処理してしまう。そういう上司が見る現場は悲惨きわまりない。

もちろん、ＡＡＲのようなボトムアップでの改善を促すこともしない。トラブルが発生するたびに「ウチの社員はなんで客とトラブルばかり起こすんだ」と見当違いの思考に至る。

リーダーシップとはなんなのかを教え込まれていないのだから仕方がない。

セカンドハラスメントを防ぐ取り組みは会社の経営陣こそが従来の考え方を変えていく覚悟が必要だ。「売らんがためのお客様は神様主義」からの脱却である。

悪質な顧客は存在するが、多くの優良顧客をいかに自社のファンとなってもらうか。その成否を分けるのが、日々最前線で働く現場の店員や係員の働きぶりなのである。

その店員や係員たちのパフォーマンスやモチベーションを下げるリーダーシップは目標達成

を阻害する大きな要因になる。

そのことをどこまで覚悟をもって経営陣たちが腹に据えることができるか。もちろん、小規模事業者も同じである。オーナーがいつまでも旧態依然のお客様主義を貫き続ければ、そこに働く店員もアルバイトもいつしか去っていくだろう。

セカンドハラスメントを防ぐためには、社内のリーダーたちすべてが顧客志向の本質を理解した上で、現場と一丸となった対策に取り組んでいく覚悟が必要になる。経営陣と現場を任されるリーダーはそのことを肝に銘じておくべきであろう。

コラム：その接客用語、間違っていませんか？

間違った接客対応が「カスハラ」を誘発する可能性がある。普段から何気なく使っている接客用語も見直してみるとよいだろう。例えば、次に挙げるのは一般的な「接客5大用語」である。これらの用語は接客業の人以外でも馴染みのあるものばかりだ。実はこの誰もが当たり前のように使っている言葉に大きな落とし穴がある。

- いらっしゃいませ
- かしこまりました
- 少々お待ちくださいませ

・お待たせいたしました
・ありがとうございます
最近は次の3つを加えた「接客8大用語」が基本ともいわれている。
・申し訳ございません
・失礼いたします
・恐れ入ります
しかし、顧客の「顔」と「様子（態度）」を見ない・考えない・思い至らない、杓子定規の「8大用語」の接客はときに「ハラスメント行為」を誘発してしまう恐れもある。

接客とは「慮り」に他ならない。「慮る」とは、「よくよく考える。考えはかる。おもいめぐらす（広辞苑より）」という意味であり、「顧客という相手のことをよくよく考え、相手のためになる仕事をする」ことだ。言い換えれば、相手の「心の機微を観て読み取り」それに応え、相手が本当に満足する「いい仕事（Good job）」をすることといえる。

「慮る」ことは、接客応対者が顧客を「見る、観る、看る」の3つの「みる」から始まる。そして、顧客の「ケース（場合）」と「サーカムスタンス（状況・事情）」に沿って言葉を含む対応を適正化することだ。それぞれの場合と状況・事情における接客用語について考えてみたい。

「いらっしゃいませ」

店頭の雰囲気・飾りつけが気に入り、チョット覗いてみた。その店に入るのは初めてのお客にとって、余りに明朗な「いらっしゃいませ」は「聞えよがし」と受けとれる場合もある。むしろ「笑顔で小さく、頷く」といった所作のほうがお客にとって気が置けなくて、ゆっくりと品定めがしやすくなり、購入につながる可能性が高まるかもしれない。

「かしこまりました」

変に「卑屈」と捉えられ、カスハラのつけ入る隙をつくることになりはしないか？　むしろ、相手の目を見て「わかりました」と落ち着いて伝えることで、相手の信頼を得ることができやすくなるかもしれない。

「少々お待ちくださいませ」「お待たせいたしました」

「少々お待ちくださいませ」も酷い言葉だ。見るからに急いでいるお客に向かって「少々お待ちくださいませ」とは「慇懃無礼にもほどがある」。急いでいるお客にすれば、こっちの都合に合わせて「待っていろ」と言われたに等しい。

これは、当たり前にお客の気持ちを汲めば「只今、いたします」と同時に即対応し始めることだ。その上で「お待たせいたしました」が本当の意味を持ち、お客として「私が思っていた以上の対応してくれてありがとう」と言いたくなるものだ。

「ありがとうございます」

「ありがとうございます」は、どんなに上手に何回言っても、次にまた来店・来社してくれるとは限らない。しかし、お客からの「ありがとう」はかなりの確率で再来店を約束するものになる。「ありがとうございます」は言うのではなく、お客からその言葉を引き出すことがカスハラを未然に防止し、お客との継続的な関係を構築するものと理解すべきかもしれない。

このように接客用語を見直す際に行き着くところは接客する側の「態度」になるのではないだろうか？　いくら言葉を並べても接客する側の心の内は態度にあらわれてしまう。先に述べたように、どんなに言葉を尽くしても、顧客を見ない、状況を慮れない場合、適切な対応につながらないからだ。そこで顧客が憤り、事態を悪化させてしまう。

最近では言葉に頼らないノンバーバル・コミュニケーションも広く浸透しつつある。目は口ほどにものを言う」「明らかに顔に書いている」など、人間は相手の態度や様子で多くの情報を入手することができる。現在は多様な労働環境が広まったせいか、外国人がさまざまな職場で活躍している。もちろん、言葉の壁は厚い。世界一難しいとされる日本語をマスターできる人はそうそういない。不特定多数の日本人顧客が相手となるとハードルは高い。しかし、そんな難しい環境下でも不思議と顧客と良好な関係を築いている外国人従業員も多い。一体、何が異なるのか？　私はその人自身の「心」が言葉と態度にあらわれ、それが相手にストレートに伝わっているのだと思う。常に笑顔で話しかけてくれ、顧客の様子を見ながら気配りをしてくれる。言葉がほとんど介在せずとも、相手の気持ちは伝わるものだ。

マザー・テレサの言葉に次のようなものがある。

> 思考に気をつけなさい、それはいつか言葉になるから。
> 言葉に気をつけなさい、それはいつか行動になるから。
> 行動に気をつけなさい、それはいつか習慣になるから。
> 習慣に気をつけなさい、それはいつか性格になるから。
> 性格に気をつけなさい、それはいつか運命になるから。

接客というと、用語や対応手法などテクニカルな視点が多くなる。しかし、大切なのはまず「考え方」であり、その結果の発露が「言葉」と「行動」である。貴方の会社でカスハラもクレームもなくならない理由は、実はこんなところにあるのかもしれない。

第6章　事例で学ぶカスハラ対応の実践

トラブル事例と対応例

顧客のクレームは、その熱量が高まる前に鎮火させることが肝心だ。「鉄は早いうちに打て」のごとく迅速かつ的確な判断対処が必要となる。

しかし、対応する店員や係員の経験値不足や顧客の怒りの勢いに圧倒されて膠着することも少なくない。一度こじれた顧客との関係を修復し、事態収束に向かわせることは容易なことではない。

また、ここまで述べてきたように意図的に問題を深刻化させるように仕向ける顧客がいることも事実である。さまざまな顧客が存在する中で、健全な経済活動を進めるためにも組織としての対応指針（社内規定の整備やフォロー体制など）がなければ、顧客との関係は悪化し、ゆくゆくは事業の衰退につながりかねない。

本章ではいくつかの事例をもとに対応例を解説している。ここまで述べてきたように、企業や店側がもっとも力を入れるべきは『トラブルをカスハラへ至る前に対処すること』である。顧客の怒りが頂点に達し、感情の抑えがきかない状況になれば、対応に時間がかかるし、なによりも対応する店員や係員の精神的疲弊も大きくなる。

とはいえ、顧客の感情は人それぞれであり、事例についてもあくまでケースバイケースで状況も異なる。すべてを類型化してパターンに当てはめることもなかなか難しい。顧客は十人十色。トラブルも企業や店によって千差万別である。

ここでは、私たちが培ってきた経験からトラブル事例と対処例として、さまざまな業種・業態においても応用可能なものを紹介しているので参考にしてもらいたい。

【事例①】長時間のクレーム電話への対処 ～家電量販店にて

経緯

50歳代男性の顧客から「先週購入した冷蔵庫の冷えが悪くて中のものが腐ってしまった。そちらで責任をとって欲しい」との内容で家電量販店の店舗に電話がかかってきた。

電話の対応者は、顧客に修理の手配を提案したが、修理は即日の対応が難しい。そのことを顧客に伝えると納得してもらえず、いますぐ新品との交換を要求。店の返品対応マニュアルを確認した上で再度「それはできない」と伝えると顧客の態度はさらに硬化し、怒りが頂点に達する。そこからは「お前の対応がおかしい！」と対応の指摘を続け、約1時間以上にわたり事態の責任を追及された。電話を切ることもできず、対応者を含め店舗の業務に支障をきたすことになった。

対処法①次回の連絡の約束をとりつけ、終話を促す

電話をなかなか終えてくれない顧客に対しては、これ以上長く電話対応ができない旨を伝えることが必要となる。社内で規定があることも伝えるように(社内で規定を策定しておくこと)。

このとき、重要なのは紋切型の伝え方をしないこと。顧客の心情を察しながら「誠に申し訳ございませんが〜、お客様のご申告を踏まえて社としての対応を別途お知らせしたく〜」などの言葉を用いながら、顧客へ次回の連絡の約束をとりつけ終話を促す。

また、次回の連絡をいつまでに行うかも顧客の予定を確認を行うことで安心感を与え、終話につなげる。

対処法②事実関係の確認

社内で事実関係を確認して対応を決定しなくてはならない。その際にポイントになるのは顧客との会話を録音で残しておくことだ。この録音データをもとにして対応者へのヒアリングを含めて事実確認を行う。

これは顧客の争点、つまり顧客の怒りのもとを探る作業である。そして、悪質なクレーマーか否かの判断にもなる。確認結果をもとに顧客のタイプを事前に予想し、顧客からの変化球(理不尽な要求)にも慌てずに対応できる準備を行う。

先入観や決めつけはいけないが、顧客のタイプを知ることで、ある程度柔軟な対応が可能になる。事実確認は顧客のクレーム内容にもとづき事実関係、要求事項、顧客属性をまとめていく（この事実確認のヒアリング・フレームワークは本章末に掲載しているので参考にしてもらいたい）。

対処法③対応方法を確定し、顧客へ連絡

顧客の要望は気分次第で変わることもある。そのときには慌てずに自社の規定範囲内で譲歩条件を複数用意しておくこと（自社として顧客に提示できるプランA、プランBと用意する）。

注意しなければならないのは、顧客への提示の仕方である。顧客の中には交渉を長引かせ、さらによい条件を提示してもらおうとする場合（いわゆるゴネ得）があるので、譲歩の範囲を徐々に広げていく

出し渋りはしないほうが賢明である。

そのような対応が顧客に交渉の機会を与えてしまい、さらにトラブルが泥沼に陥る。顧客へ連絡する際も返答までに時間を要したことについて限定的・部分的に謝罪した上で、自分が顧客との対応者であり、すべての交渉権限は自分にあることを伝える。

顧客の反応を見ながら、できることとできないことを簡潔かつ明確に顧客へ伝える。対応者は会社としての正式な見解として例外を認めない強い姿勢が大切である。

対処法⑤悪質なクレームが続く場合

①〜④の対応後にも悪質なクレームが続く場合は、再度自社の応対基準を伝え、（例えば応対時間や応対方法）を伝え、会社として対応できない姿勢をとる。
それでもなお続く場合は警告として文書送付（内容証明郵便など）も考えられる（弁護士と相談の上慎重に対応）。

いくら説明を尽くしても伝わらない、理解してもらえないことはある。円満解決をしようとせず、毅然とした対応を行うこと。

【事例②】繰り返し来訪し、対応に苦慮 ～携帯電話ショップにて

経緯

ある日、70歳代の女性の顧客が店舗を訪れ「購入したばかりのスマートフォンの具合がおかしい」と言われ、店員が対応。どうやら操作を理解していなかったようで丁寧に説明をするとその日は納得して店を後にする。

ところが、次の日も来店し、店員にスマホの使い方や機能がおかしいと対応を要求するようになった。来店はほぼ毎日。その都度、店員が対応に追われることになる。

ちょうど繁忙期でもあったため顧客には待ってもらうことも多く、そのことにも怒りを募らせるようになり、クレームの内容がますますエスカレートしていった。

売り場では他の顧客への対応にも影響が出て、業務に支障をきたすことになり対応に追われることに。対応した店員も精神的に疲弊している。

対処法①対応場所の配慮

クレームの軽重を判断し、店内に防犯カメラがある場合は映る場所へ顧客をさりげなく誘導する。場所が変わることで顧客にも対応姿勢を改めてもらう機会をつくる効果もある。

録画データは顧客対応の証拠ともなり、後の「言った・言わない」などの応酬を回避する手段になる。

対処法②顧客の要望を傾聴

最初に対応した店員を含め、２名で顧客の要望に耳を傾ける。新たな店員が加わることにより、仕切り直し的な雰囲気をつくることもできる。

改めて顧客のクレームに耳を傾け、最初に対応した店員が聞き取ったことを丁寧に復唱するようにする。

この際、高圧的な態度で「こんなこともわからないのか？」などと考えず、傾聴の姿勢を崩さないこと。

対処法③原因究明

スマホなど新製品が頻繁に登場する商品は、特に高齢者など操作が不慣れで理解が追いつかない場合が多い。顧客が訪問を繰り返す理由を対話の中で見極めるようにしたい。

ここはもつれた糸をほどいていくような作業になるが、この過程こそが顧客の心を鎮めることにもつながる。

対処法④解決策の提示

顧客の困り事に対し、１つひとつ解決策（または操作方法）を提示していく。部分的な解決方法も提示をしていくことで、店側とメーカー側の対処の切り分けを容易にすることを考慮して対応することが求められる（店舗で対応できる範囲を明確にする）。

店側で対応が難しい場合はメーカー側の対応窓口への誘導も視野に入れて対応を行う。ただし、その際も定めらた規定などはしっかり伝えることが大切だ。ここも紋切型の対応でなく、顧客の心情に寄り

添った姿勢を忘れないようにしたい。

対処法⑤ハードクレーム化の対処

顧客によっては自身の問題や不満が解決するまで（納得するまで）居座る場合がある。その際は顧客の感情を逆なでしないよう責任者がきっぱりと毅然とした態度をとり、最後通告的な措置（退去要請）を行うことも視野に入れて接する。

> **1人の店員だけでなく、2～3人のチームで対応しながら顧客の話に耳を傾けながら、現実的な解決策を提示する。**

【事例③】請求書の誤りが暴言にエスカレート ～通販会社カスタマーサポートにて

経緯

通販会社のカスタマーサポートに30代の女性の顧客から「届いた請求書に誤りがあり、利用したサービスが顧客の認識以上に高額になっている」とのクレームの電話が入った。

顧客の購買履歴を調べた結果、会社側が購入商品の入力ミスにより請求金額に誤りがあったことが判明する。すぐに顧客へ事情を説明。会社側で顧客の翌月のクレジットカード決済時に相殺処理する旨を伝えたところ顧客の態度が豹変した。

「すぐに返金できないなんておかしい。1か月もかかるなんて、そんな馬鹿な話はない」「簡単な処理もできない無能な会社だ」と暴言を繰り返した。

電話対応者は謝罪をしながら冷静に対応しようと努めたが、顧客の暴言はさらにエスカレートし、「あなたの会社は詐欺集団だ！」と電話越しに叫びだす。

結局、1時間以上もこのようなやり取りが続き、電話を切ることができなかった。

対処法①顧客の不満を吐き出させる

日々まじめに顧客対応業務を行っている者からすると、顧客からの根拠のない暴言や叱責は耐え難いものがある。だが、顧客も人間であり感情の動物であることをも理解しなければならない。

怒りの感情を長時間持続させるには相当のエネルギーが必要である。適度な相づちを打ちながら、しっかり聞いている姿を電話の向こうで想像させる努力も忘れないように対応したい。

顧客の性格にもよるが、言いたいことをある程度話してもらうことで顧客の怒りの温度感が下がってくることもある。

対処法②争点を把握する

事実をもとに、顧客の態度が変わった点は何かを考えてみることが大切だ。例えば、本件の場合は「入力ミス」があった点まで顧客は渋々了承していたが、返金の手段に関して提案した際に態度が大きく変化している。この変化したポイントを見逃さないことだ。

対応者からすると日常業務の中のいつもの処理方法で淡々と話したつもりだが、顧客からすると、自分自信は被害者なのに一方的に会社の勝手な判断・決まりを押しつけられたと感じるかもしれない。

日常によくある手続だからこそ、いま一度見直してみる機会にもなるはずだ。

対処法③交渉条件の社内共有・確認

最初の電話で問題が解決しない場合は、初回対応者が抱えるのではなく部署・社内での共有と相談のステージにあげ、自社の規定を鑑みながら顧客への対応方法を模索することが望ましい。

注意すべきは、顧客ごとや対応者ごとによらず、譲歩・交渉条件を統一させること。自社の規定を明確にして社内での周知を行うことが大切である。

対処法④柔軟な対応で生涯顧客化へ

本件の場合、顧客への即時返金が重要なポイントになる。正規の手続は「クレジット会社」経由での返金・相殺が社内ルールであろうから対応としては間違ってはいないが、顧客の心情を察すると即時の対応が最良の策になることも事実である。

どの顧客に対しても規定やマニュアル通りの対応を行うことは前項でも述べた通り、一貫性の原則として大切なこと。しかし、ここで求められるのはクレームの内容にもとづいた顧客対応の処理である。

トラブルが重大化する前に従来のルールとは異なる柔軟な対応が可能か否かを模索することも必要であ

る。そして、可能となった柔軟な対応を今後の規定やマニュアルに再度更新していく。

このような柔軟性とスピード感をもった対応は、顧客に新たな感動を与え、生涯顧客化を実現する近道になるのだ（章末のクレーム対応フロー例も参考にしてもらいたい）。

人間は感情の動物である。顧客の対応の変化を察知し、柔軟な対応で早期解決を実現できれば、逆にあなたの会社のファンとなるかもしれない。

【事例④】運転手へ対する悪質な暴言 ～タクシー会社にて

経緯

タクシーに乗車した60代の男性の客が支払い時に突然態度が豹変した。突然、「お前の態度はなっていない」「お前のためにに注意してやっているんだ」といきなり高圧的に説教を始めたのだ。

運転手は特に特別なやり取りをしたわけでなく、運転中に道をいくつか尋ねたくらい。男性客も目的地を告げ、その後は会話らしい会話もほとんどなかった。

この説教は延々と続き、いっこうに支払いをしようとしない。運転手も最初は「失礼があったならばお詫びします」と平身低頭で対応していたが、男性客はますますエスカレートする。「お前の会社に行って教育について教えてやる。上司の連絡先を教えろ」と態度を変えないまま。説得を続けるが、男性客の態度は硬化する一方、時間だけが過ぎていき、その後の業務に大きな支障をきたすことになった……。

対処法①冷静な対応と適切な言葉遣い

顧客の中には怒りのあまり感情をダイレクトに伝える人もいる。まずはひと呼吸して、重クレーム化を避ける意味で、相手の暴言に反応せず、可能な限り冷静な態度を保つようにする。話を聞きながらも、暴言は聞き流す姿勢が必要になる。いちいち相手の言葉に反応すると、そこをまた突かれ、相手の暴言をエスカレートさせる恐れもある。あくまで顧客の言い分に耳を傾ける姿勢を示すことが大切だ。

しかし、いわれのない叱責や暴言を繰り返されては心が持たなくなる。ときには「申し訳ございませんが、暴言はご遠慮いただけますか」や「恐怖を感じていて業務がこれ以上続けられません」といった丁寧な言葉で諌めることも必要になる。

対処法②証拠をおさえる

車内での顧客とのやり取りは、録画を撮ることで「証拠」になる。車載カメラがあれば、スイッチをオンにする。日頃から正しく録画できるかの確認を行っておきたい。

顧客の乗車時にあらかじめ録画をしていることを告げるのも抑止力が働き、無用なトラブルを防止する効果があるだろう。

対処法③顧客の心情を探る

本件のような暴言を繰り返すタイプはいわゆる「世直し型」といわれ、説教を繰り返す。中高年の男性で元役職者の方に多く、「べき思考」が強く、自尊心も強い。とにかく気に入らないことがあれば、説教したいだけなので言いたいことをいってスッキリしたら何もなかったように収まるケースもある。

しかし、業務に支障をきたすような暴言が長く続く場合は、不快と感じた点はなにか、それによって何をして欲しいのか（謝罪・説明）を明確にさせることが大切になる。

単に謝るだけでなく、相手の要望を冷静に聞き出す姿勢が求められる。この顧客の要望を聞き出す際は章末に掲載の「事実確認のヒアリング・フレームワーク」を参考にしてほしい。

対処法④事実を社内でエスカレーション

顧客の要望が単なる謝罪だけならば、顧客が不快と感じた点に焦点をあて「このことは上席に伝え、改めます」などの部分・限定的な謝罪で済むケースが多い。

しかし、会社としての説明を要求してきた場合は、その場で即答せず会社の然るべき部署から顧客に連絡する旨を伝える。顧客の連絡先を聞き、上司や専門部署にエスカレーションしていく。

対処法⑤カスハラ化の対処

誠意をもって顧客の要求に耳を傾け、対応したにもかかわらず、顧客の暴言が続き、降車を促しても従わない、もしくは料金の支払いを拒否する場合は、本部（社内）に連絡をしたうえで警察に通報する旨を告げる。

根拠のない叱責や暴言は精神的にも辛い。相手に「恐怖を感じている」「業務ができない」ということをストレートに伝えることも大切である。

【事例⑤】サービスへの不満から脅迫的言動へ～アパレルショップにて

経緯

アパレルショップに40代の女性の顧客から「購入した商品が思ったものと違うので、すぐに交換して欲しい」と電話が入った。この女性客は3日前に店舗で商品を購入。話を聞くと、商品にキズやシミなどの不良があったわけではなく「思ったものと違った」と言うだけ。すでに商品を開封し、使用してしまっているため、店側としては商品の交換を受け付けられない旨を伝える。

すると女性客の態度が豹変。「交換しないなら、消費生活センターに訴えてやる」「こんな誠意のないお店はネットで拡散させる！」と店舗の悪評を流布すると脅迫をしてくる。

対処法①顧客の鎮静化をはかる努力を

本件の場合、商品の不良はなく、さらにすでに商品を開封して使用した後であり、交換要求に応じる必要はないだろう。対応者はその点をよく把握し、冷静な姿勢を崩さず顧客の要求に耳を傾ける。

いわゆる「利得型」の顧客であれば、過去に同様のクレームで物理的に得をした経験があるのかもしれない。そのため毅然と対応することが大切になる。

会話の中で重要なポイントになるのは、録音やメモをとり証拠を残すことである。ひと通り顧客の話が終わった頃をみはからい終話を促す。対応は明確であり、交換を受け付けられないという会社の方針を伝える。

「大変申し訳ございませんが、既にご使用済みの商品の交換は致しかねます」「お客様のお気持ちはお察ししますが、何回申されてもご要望にお応えできません。申し訳ございません」など丁寧に断りを伝えるようにするが、それでもなお要求を続け、脅迫的な言動を繰り返すようであれば方針を変更して対応を進めるようにする。

対処法②顧客の心理を探る

顧客は理不尽と思われるクレーム（暴言を含め）を繰り返している。ここで改めて顧客の狙いを探ってみる必要がある。自社に非がない（顧客の言い分に正当性がない）という場合、顧客自身はいったん振り上げたこぶしを簡単におろすことはできない心理もある。そのため理不尽な要求を繰り返しているかもしれない。

一方で、クレーム詐欺（メーカー側の落ち度を執拗に責めて金品を得ようとする常習者）の可能性もある。いわゆる「利得型」の悪質なタイプだ。

対処法③行政への申告・ネットの書込みへの対処

顧客は企業側の対応が至らない点を指摘して「消費者行政（消費生活センター）」への申告・相談を示唆している。この点に関してはいくつかのプロセスを経れば恐れることはない。

例えば、顧客との電話での対応音源ならびに書面等のやり取りがあれば、すべて「証拠」として保管をし、もし行政（消費生活センターの相談員など）から指摘があれば、経緯をま

とめて行政に説明・提出することで顧客のクレームに真摯に対応し、自社製品・商品になんら欠陥や対応の不備がないことが証明される。

また、ネットへの拡散などについては「当社ではお客様の表現の自由を阻害することはできません」と回答して構わない。ただし、根拠のない誹謗中傷に関しては専門家に相談し、対処することを伝えておくようにする。

対処法④丁寧かつ毅然とした対応

自社に非がないことが確認できれば、対応する者は顧客に対して毅然とした態度でお断りをすることが大切だ。しかしながら、自社の商品を買っていただいた顧客には間違いない（電話の時点では本当に購入したかは不明であるが）。

その点は礼節をもって丁重にお断りする姿勢を崩してはならない。

顧客が悪意を持っているのか、怒りを制御できない状態なのかの見極めが大切。「グレーな部分が残っていれば顧客のため、悪意が判明すれば会社のため」と捉え、毅然として対応を行うべし。

【事例⑥】理不尽な価格交渉を要求 ～法人営業の場にて

経緯

原料製造を手掛けるA社の若手営業担当は取引先のメーカー企業D社と長年の付き合いである。D社の担当が先日から新たな部長に替わり最初の商談があった。その場で部長から「うちも厳しいので、来月納入分からおたくの商品Xの納入価格を20％下げて欲しい」との提案を受ける。

Xは当社の主力商品であり大幅な値引きは不可能。また、ほかの取引先との関係でD社だけ破格な条件で取引するわけにもいかない。この場で即答することはできない……。

いったん社に持ち帰って検討する旨を部長へ伝えたのだが、「今、この価格で合意できないなら上に報告して取引を中止させる」と威圧されることに……。

対処法①商談を切り上げ退席

通常の法人取引においては価格交渉をともなう商談は頻繁に行われているが、相手の話に妥当性があるか否かのポイントで「カスハラ」の判断基準とすべきだろう。

本件の場合、営業担当は争点になる「価格」のことに言及せずに、次回の商談で回答することを告げ、退席するのが賢明。

「上に報告して取引を中止させる」との発言もD社の立場の優位性を用いて、相手を無理に納得させようとしたもので、妥当性がないため無視をして構わない。

対処法②次回商談セッティング

法人営業における本件のような事例の本質的な部分は自社の利益誘導というよりも、営業担当へ対する「いじめ」的な要素が強いと考えられる。

そういう性質が見てとれる場合は、単独ではなく複数人での商談対応やオンラインなど「証拠・記録」が残せるような営業手段に切り替えるのがよい。

次回の商談は上席が同席することを伝えておくのも、相手のいじめ的行動への抑止につながるだろう。

対処法③原因究明と恒久的な対応

本来の商取引は、売り手と買い手は平等であるが、買い手（得意先）の販売力・購買力が強いと売り手は売らんがために下手にでるケースも多くなる。しかし、必要以上に過敏な態度をとることも相手をつけあがらせることになりかねない。

また本件のような執拗かつ妥当性のない要求を承諾させようとする行為は下請けいじめにもつながり法（独占禁止法や下請法において刑事罰や行政処分に至る可能性もある）に抵触する可能性も否めない。

一時的な事態の回避だけを考えるのではなく、なぜこのような事態に陥ったのか、両社の責任ある立場の者が原因と防止策を考えねばならない。

対処法④法的な対処方法

真摯に対応してきたが、依然として執拗な嫌がらせが続くようならば、法的な手段も考慮すべきだろう。例えば、先にも述べた下請法等において監督官庁への通報や公益通報者保護法に則り相手企業の窓口への通報も考えられる。

弁護士をはじめとした第三者機関へ相談することも1つの方法だ。相手の行動が改善されなければ、これらの対応を企業として検討していくのがよいだろう。

カスハラは対消費者のみならず、対企業でも起こるもの。商取引はお互いが平等であることを改めて認識し、売らんがために相手の言いなりになる対応は避けたい。

【事例⑦】根拠のない誹謗中傷をＳＮＳで拡散
～イタリアンレストランにて

経緯

某所にあるイタリアンレストランは、来店した20代のカップルと思われる顧客から「従業員の態度やサービスが悪い」「お店が汚くて不衛生」と店舗の評判を落とす内容をＳＮＳ上で公開された。

店主はカップルが来店したという日の店員などにも確認したが、そのようなクレームやトラブルはなく、また店員の態度や店内の汚れなどを他の顧客から指摘されてもいなかった。

根拠のない誹謗中傷と断定し、店主は誠意のある態度をみせようとＳＮＳに反論の投稿を行ったが、この顧客の態度がさらにエスカレートして、次々と誹謗中傷の投稿が続けられることになり、店主の投稿も含めて炎上し、店の運営にも支障をきたすようになった。

対処法①書込み・投稿者の特定

根拠のない誹謗中傷がSNS上で拡散されている状況であれば、まず専門家（弁護士）を通して、SNS運営事業者やプロバイダーに発信者の情報開示を請求し、投稿した個人を特定することが考えられる。

ほかにも「違法・有害情報相談センター」などの機関への相談もありえる。

対処法②差し止めの請求等の係争準備

その後は、淡々と法的処理の依頼を専門家へ行いつつ店舗の名誉回復を試みるしかない。開示請求も含め、時間がかかることは覚悟しておかないといけないし、弁護士費用等もかかることも念頭に入れて辛抱強く待つしかない。

対処法③静観した態度で臨む

SNSなどネットの世界に関しては対応が通常のクレーム・カスハラ対策と異なり、難しい側面がある。大企業であれば、他の店舗や事業への影響を考慮し、厳しい対応で臨むケースもよく見られるが、中小企業や小規模事業者にとって前述したように時間と費用がかかることが大きな障壁となるだろう。

本件の場合、ＳＮＳを使いなれた店主が「正しい情報」を発信して、誹謗中傷を覆すことはできるかもしれない。しかし、このような書き込みをする人間は愉快犯的な存在でもあり、結局、その書き込みが相手の思うつぼとなり、騒動の火に油を注ぐことになりかねない。結果、実際の商売にも影響を及ぼしかねない。

口惜しい気持ちはわかるが、「ネットは根拠のない噂話が蔓延する場所」と考え、書き込みへの対応ではなく商売に専念する姿勢に徹するのが賢明だろう。

対処法④内容を真摯に受けとめる

ＳＮＳへの書き込みは、確かに根拠のない誹謗中傷の類かもしれない。しかし、そのことを機会にしていま一度、自分たちの店舗の状況を振り返ってみるのもよい。「細かいサービスの部分で顧客に対しておざなりな対応になっていないか」「顧客から見える場所で清掃が行き届いていないところがあるのではないか」など再度点検をしてみるのもよいだろう。

根拠がない、とすべてを否定することは簡単だが、その中にも部分的に当てはまる事象があるかもしれない。このように、客観的に物事を捉え、さらなる顧客満足度の向上につなげてもらいたい。

根拠のない誹謗中傷に対しては、反射的に対応するのではなく、冷静になること。誠実に、真面目に商売していれば得意客や常連客がその悪評を覆してくれるはず。

【事例⑧】女性従業員への迷惑行為が繰り返される
～居酒屋にて

経緯

居酒屋に30代の2名の男性客が来店した。最初は普通に歓談を楽しんでいる様子だったが、次第に注文時や料理の配膳の際、女性従業員にちょっかいを出し始める。

女性従業員も最初は軽く受け流していたが、男性客は酒が入るに従って態度がエスカレートして女性従業員の手に触れるなどの行為を執拗に繰り返すようになる。

挙句、女性従業員の写真を無断で撮影し、「ＳＮＳにアップする」などと言い、不適切な行動を続けた。

男性客に撮影した写真の削除を求めたが、男性客はそれに応じない。

女性従業員は撮影した写真が本当にＳＮＳにアップされるのではないかと不安になり、大きなストレスを感じ、たまりかねて店長に相談をすることになった。

対処法①事実確認と従業員のケア

店長など店舗責任者は店内の顧客の振る舞いには常に注意をはらうことと、従業員やスタッフからの報告には敏感に反応すべきである。

まず、現場で何が起こっているのかを責任者は迅速につかむことが大切だ。そして、行為が発生した後は当該従業員を顧客に対面・接触させないよう、店内のシフトを即時に行う。

従業員のメンタルにも配慮し、責任者は後に面談にて思いを語ってもらう機会をつくる。

対処法②店舗の責任者から警告

程度の差を問わず、合意なく身体への接触を行えば「条例・法令」に抵触する可能性が高く、顧客が酔っていたからといって許されるものではないと認識すること。

本来ならば顧客には即時、店からの退去を申し出てもよいと思われるが、店舗責任者は店舗内の他の顧客の状況などを判断して対応を行う。

※服の上から胸や下半身を触るなどした場合は「迷惑防止条例違反」に抵触する可能性がある。下着の中に手を入れて陰部を触るなどした場合は「強制わいせつ罪」に抵触の可能性がある。

対処法③警察への通報も考慮

顧客は店舗責任者からの警告を受け、飲酒によってさらに横柄になり、暴言や暴れるなどの行為が生じた場合は、躊躇なく最寄りの交番（警察）への通報・相談を行う。

また、店舗側は顧客からのセクハラ被害のなんらかの「証拠」があれば、それも含めて警察側へ提出をする。

対処法④発生防止の事前準備

このような顧客による店内でのセクハラ行為をエスカレートさせないためにも店側も日頃から準備をしておくことが大切である。従業員にセクハラ行為への対応方法をマニュアル等で明確にし、トレーニングを事前に行うようにしておくことで、実際に行為が発生した際に慌てることなく対応できるようになるだろう。

また、あらかじめ店舗側がポスターの貼付やメニューへの記載により「ハラスメント禁止事項」を顧客側へ認知させることも効果的と思われる。

対処法⑤弁護士への相談

セクハラ行為が発生した場合、弁護士に相談し、法的措置を検討し、従業員を守る姿勢を示すことで、心理的安全性を担保した職場環境を構築するうえで重要である。
また、本件のように「ＳＮＳにアップされた」場合は法的手続（差し止め請求）も可能になるだろう。

軽い冗談のつもりでも受けた側がセクハラと感じれば該当することを忘れてはならない。従業員側も行為が発生した際は我慢をせず、店長など責任者へ速やかに報告すべきである。このとき、顧客には具体的な「罪状」、「罪名」や「法令名」に言及することは対応者としては慎みたい。対応者自身は法律の専門家ではない。なによりも、顧客が犯罪者呼ばわりされたと感じることで態度をさらにエスカレートさせる可能性がある。

【図表13　ヒアリング・フレームワーク】

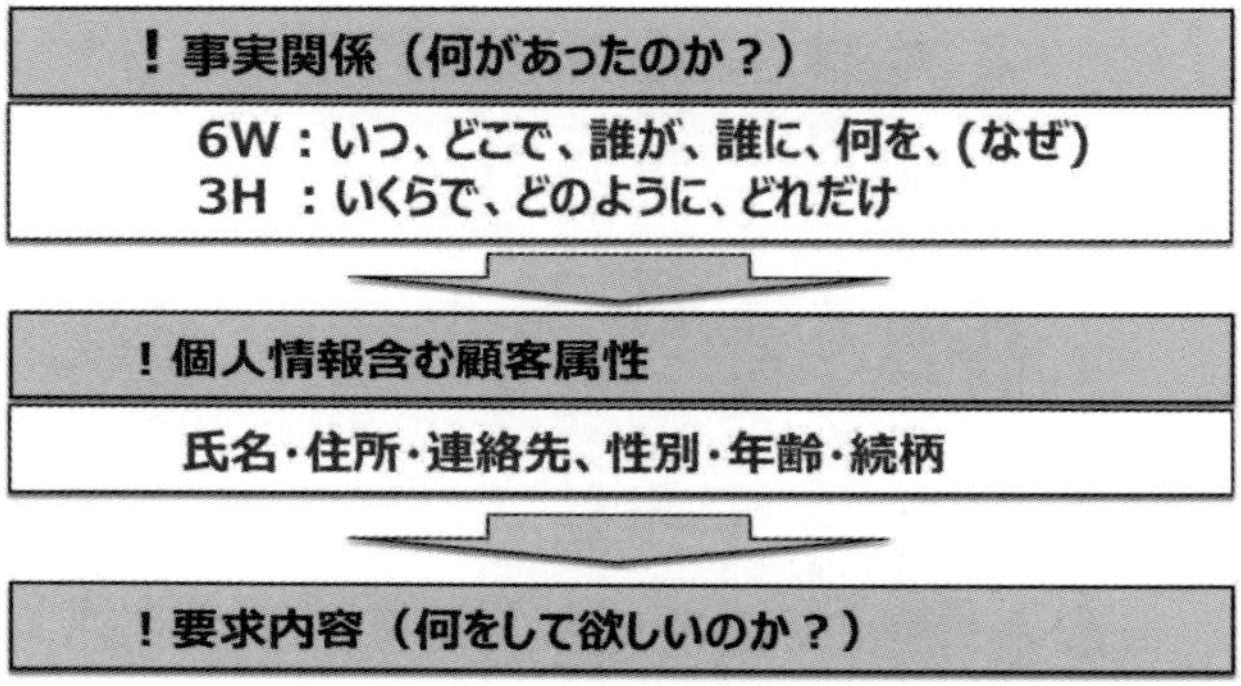

【図表14　クレーム対応フロー例】

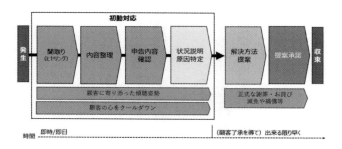

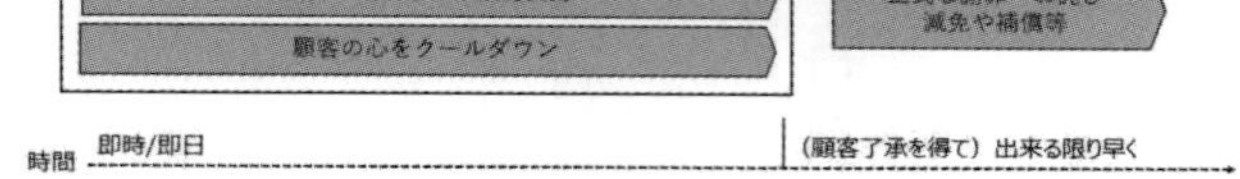

おわりに

「カスタマーハラスメント」（カスハラ）という言葉は、２０００年代後半から使われ始めたとされている。カスハラとはＢ２Ｂ（企業対企業）・Ｂ２Ｃ（企業対消費者）を問わず、顧客の「買ってやる、買ってやっている」のだという優位性をたてにした、暴言・脅迫・暴行・居据わり、といった理不尽で著しい「迷惑行為」や「いじめ行為」をさす。

カスハラ行為はときに周囲の顧客に嫌悪感を与えるなど企業や店の空気を著しく損なう場合が少なくなく、場合によっては客離れの遠因ともなる。しかし、最も深刻な問題は顧客との接点にある当事者（多くは販売員、営業マン、コールセンタースタッフ）が暴言・脅迫、場合によっては暴力や性的嫌がらせに堪えられず、結果的に辞めてしまうことだ。

人手不足が叫ばれる中での従業者のカスハラ退職は、会社や店の戦力低下に直結してしまう。加えて、顧客に対する嫌悪感や恐怖感が広がり、店内・社内の雰囲気は劣悪なものになり、現場スタッフの意欲は大きく低下してしまうケースも少なくない。サービス対応力も大きく下がり、それがさらなるカスハラの誘因となり、まさに企業力悪化のスパイラルに陥ってしまう恐れさえある。

カスハラは「客」が悪いのか、それとも……

モノ不足、ヒト余り型の供給側に有利な形態でスタートした戦後経済は長らくインフレ傾向を示し、企業サイドには有利に働いていた。しかし、1990年後半以降は日本経済の「成長トレンドの低下」と「需要不足」は「慢性的な物価下落」というデフレ状態を呈しており、脱却宣言は依然として難しいように思える。

そうした中にあって、依然として高度成長期の残滓《ざんし》といわれた時代（1970～1980年代後半）につくられた「接客対応のルール」は基本的にはまったく変わっていない。人口における年齢構成比は大きく変わり、少子高齢化に歯止めのかかる様子はなく、団塊世代・団塊世代ジュニアと続いた旺盛な消費意欲は今や見る影もない。核家族化は進み、地方、都市部を問わず高齢者のみ世帯、独居老人世帯は大幅に増加している。そうした中で生活の部分である、「買物」に対する意識も変化していると捉えるべきだ。

であるなら、本書で示すように自社・自店における「接客応対のルール」を変えるべき時にきていると考えて欲しい。

変わりつつある「客」という相手の思いに沿わない教条的なルールはカスハラの遠因にはなってもビジネス繁盛の原因に成り得ない。カスハラは「客」が悪いのでもなく、「店・企業」が悪いのでもない。

時代と共に変わる、客と店のコミュニケーション対応のルールが不適切なだけなのである。

「カスハラのせいで従業員が辞める」は本当か？

「人を見たら泥棒と思え」「客を見たらカスハラと思え」ではビジネスは成立しない。カスハラはコンフリクト、すなわち、異なる意見や要求などがぶつかりあって起こる「緊張状態」であり、特に「お客様」と「販売・営業・応対者」といった誤解にもとづく顧客側の優位性によって、対応者が心身ともにきつい状態に追い込まれる。そうした状況が重なれば折れてしまう、結果的に会社を辞めてしまうということは少なくない。

カスハラは不均衡型の緊張状態に陥ることがほとんどで、相手、すなわちお客の罵声にひたすら打たれ続けることになる。しかし、この時に一番苦しいのは顧客の罵声そのものではなく、1人で不当な非難にさらされる孤独がたまらないのだ。そして、その後に慰めてくれる味方もおらず、放っておかれているという孤独感が職場を去る直接的な原因ではないか。

それならば、カスハラ対策はペアであり、トリオであり、チームであり、全社的であるべきだ。カスハラにあっているスタッフを見たら同僚がすぐ、割って入り「どうかなさいましたか」と聞くだけでもよい。ほとんどの顧客はその段階で落ち着きを見せ始める。それでも、揉めているような場ら、次いで上司が入りトリオ対応に移行する。それで解決することがほとんどだ。それで駄目な場合はルールに沿ってしかるべき第三者機関に対応を依頼すべきだ。

持ってまわった言い方だが、カスハラは退職の引き金に過ぎない。すでに「孤独という弾が込められている」ということに気づいてほしい。「1人は皆のため、皆は1人のため」を忘れてカスハラだけを悪者にしてもビジネスの繁盛は望めない。

本書はそうした意味で、カスハラ対策はカスタマー（顧客）とスタッフ（従業者）の相互理解に至ることで本当の意味での顧客化を進めるものと位置づけている。

なお、本誌執筆にあたり、事例を含む資料等の整理と取材にあって鈴木隆則氏の実際の勤務体験にもとづいた記事ならびに資料解説は、弊社がコンサルティング並びに研修教材化作成に向けて本旨とする、現場に臨み、現場での見聞・調査に基づいて改善・改革に向けて新たな理論構成を行う、いわば「帰納論」そのものであり、ジャイロ総合コンサルティングの面目躍如のご活躍をいただいたと評価したい。

改めて鈴木隆則氏のご協力に感謝申し上げる。

大木　ヒロシ

著者略歴

大木　ヒロシ（おおき　ひろし）

ジャイロ総合コンサルティング株式会社会長
ジャーナリスト（タブロイド紙記者）を経て実業にはいる。FC本部をはじめ複数の企業体を立ち上げた経験を持ち、そうした経営実務経験をもとに、セミナーおよびコンサルティングを業務とするジャイロ総合コンサルティング株式会社を立ち上げる。大手企業から中小企業までの多くのコンサルティングにおける成功事例を持つ。また、年間の講演回数は200回を越えた超人気講師でもあり、感動と共鳴を生む講演スタイルには定評がある。
「商業界」や「ファッション販売」「食品商業」「日経ストアデザイン」「日経ギフト」「日本のFC年鑑」「独立開業」「オールセールス」「ストアジャーナル」などの雑誌・新聞等の記事（連載等）を多く手がける。中小企業大学校講師・日本コミュニケーション検定委員。
著者として「売れる営業のABC」（ウイネット）、「法律事務所の経営戦略」（学陽書房）、「1/10,000マーケティング」（同文館出版）など。

執筆協力

鈴木　隆則（すずき　たかのり）

経営管理修士（MBA）。KDDIにてマーケティング、アプリ開発、販売店営業、営業企画を経験。クレーム対応のまとめ役として活躍し、「お詫び文」作成のスペシャリストとして社内外から高評価を獲得。KDDI在籍時、研修業務を通じて延べ500人以上のスタッフ育成に携わる。研修実施店舗では、年間20件の重篤クレーム発生を翌期からゼロに削減。現在、カスタマーハラスメント対策セミナー、顧客対応スキルセミナーを主宰。企業不祥事発生の究明などコンプライアンス関連の論文も多数執筆。実務経験と学術知識を融合させた独自の視点で指導を行う。

ジャイロ総合コンサルティング株式会社

1921年に創立、1949年に法人登記。

現会長の大木ヒロシが祖父の会社を引き継ぐ形で婦人服店（ブティック）として再スタートし、現業の傍ら、持ち前の取材・執筆能力を活かし、関係業界の関係誌に寄稿する中で読者からの相談を受けたことからコンサルティング業務をスタートさせる。

ビジネス（営業・販売）の現場取材を通じて帰納法的に引き出された実効性の高い、新たな理論展開で注目を集めた。現社長である渋谷雄大は会長大木ヒロシに師事することから同社で17年のコンサルタント・講師業務を経て、2021年に社長に就任。同社特有の帰納法にもとづいてIT技術を駆使し、新たなAI活用コンサルティングの領域を確立しており、大手企業を中心にコンサルティング・セミナーで高い評価を得ている。

お客とお店のためのシン・カスハラ対策
～カスハラ対策で伸びる店・カスハラで潰れる店

2024年 10 月28日 初版発行

著　者　大木　ヒロシ　© Hiroshi Oki

発行人　森　忠順

発行所　株式会社 セルバ出版
〒 113-0034
東京都文京区湯島 1 丁目 12 番 6 号 高関ビル 5 B
☎ 03（5812）1178　FAX 03（5812）1188
http://www.seluba.co.jp/

発　売　株式会社 三省堂書店／創英社
〒 101-0051
東京都千代田区神田神保町 1 丁目 1 番地
☎ 03（3291）2295　FAX 03（3292）7687

印刷・製本　株式会社丸井工文社

Printed in JAPAN
ISBN978-4-86367-925-2